HISTOIRE

MUNICIPALE POPULAIRE

DE PARIS

Coulommiers — Imp. P. Brodard et Gallois.

HISTOIRE
MUNICIPALE POPULAIRE
DE PARIS

SCÈNES ET RÉCITS HISTORIQUES

PAR

PAUL ROBIQUET

Avocat au Conseil d'État et à la Cour de Cassation
Docteur ès lettres, membre de la Commission municipale de recherches
sur l'histoire de Paris pendant la Révolution.

———

PARIS
LIBRAIRIE HACHETTE ET Cie
79, BOULEVARD SAINT-GERMAIN, 79

—

1887

AVANT-PROPOS

Soit qu'on s'en afflige, soit qu'on s'en réjouisse, c'est un fait constaté par tous les historiens que Paris n'a cessé d'exercer, dans toutes les phases de notre histoire, une influence prépondérante sur le gouvernement de notre pays. La capitale a été mêlée à tous les grands événements qui ont couvert de gloire ou accablé de deuil la patrie française. Mais on se tromperait gravement, si l'on se hâtait d'en conclure que l'histoire de Paris se confond avec l'histoire générale de la France.

Après avoir entrepris d'écrire, dans un ouvrage de longue haleine, l'histoire municipale de Paris [1]; après avoir essayé de mettre en lumière l'effort persévérant et réfléchi des représentants de la cité pour défendre et maintenir intactes des libertés municipales qui sont aussi vieilles que la nationalité française; après avoir

[1]. La première partie de nos études a paru en 1880 chez REINWALD, avec ce titre : *Histoire municipale de Paris, depuis les origines jusqu'à l'avènement de Henri III*, 1 vol. de 676 pages. La seconde partie vient d'être publiée récemment chez HACHETTE, sous le titre suivant : *Paris et la Ligue sous le règne de Henri III*, étude d'histoire municipale et politique. Paris, 1886, 1 vol. de 596 pages.

étudié dans ses rouages multiples le mécanisme de cette *Prévôté des marchands* qui a duré six siècles (en dépit des atteintes que lui a portées le bon plaisir royal), et qui fournirait tant d'éléments précieux à la reconstitution des franchises de la grande cité, le jour où l'on cessera de considérer comme une arche sainte la législation autoritaire de l'an VIII, nous avons cru faire une œuvre utile, en dégageant du bloc immense de ces matériaux historiques les événements essentiels qui caractérisent les luttes sanglantes, les passions démocratiques, les actes vengeurs ou enthousiastes des Parisiens, nos ancêtres, dans leur duel éternel contre la centralisation monarchique!

Autour des mémorables révolutions dont nous voudrions mettre en relief la dramatique grandeur, tourne et s'oriente, pour ainsi dire, l'histoire même de la population parisienne. Chacun des chapitres qu'on va lire marque une étape dans la série des transformations politiques de notre pays. Ces dates éclatantes : 1358, 1572, 1588, 1648, 1789, 1830; ces faits extraordinaires : la révolution d'Étienne Marcel, la Saint-Barthélemy, les barricades de la Ligue, les barricades de la Fronde, la prise de la Bastille, les journées de 1830, n'apparaissent-ils pas comme la mise en œuvre et la manifestation vivante des deux principes contraires qui ont provoqué tant de chocs terribles et fait répandre tant de sang : le *Droit divin des Rois* et le *Droit populaire.*

Nos récits s'arrêtent en 1830, c'est-à-dire à l'époque

où le premier de ces principes a définitivement le dessous, car la Monarchie de juillet (tout en essayant de limiter la souveraineté nationale et d'en restreindre l'application) n'a pas prétendu tirer la légitimité de sa propre existence d'une autre source que du consentement de la nation. D'ailleurs, il n'est pas temps encore d'écrire l'histoire des révolutions auxquelles nos pères ont pu assister. A plus forte raison, ne convient-il pas de porter un jugement définitif sur les événements parisiens qui se sont accomplis sous nos yeux. Plus d'un publiciste a déjà soulevé des protestations légitimes, faute d'avoir su résister à la tentation de juger ses contemporains. La postérité tiendra une balance plus équitable, et l'abondance des documents lui permettra de fixer, sans passion et sans haine, les responsabilités encourues par les différents partis qui ont tour à tour exercé le pouvoir.

PAUL ROBIQUET.

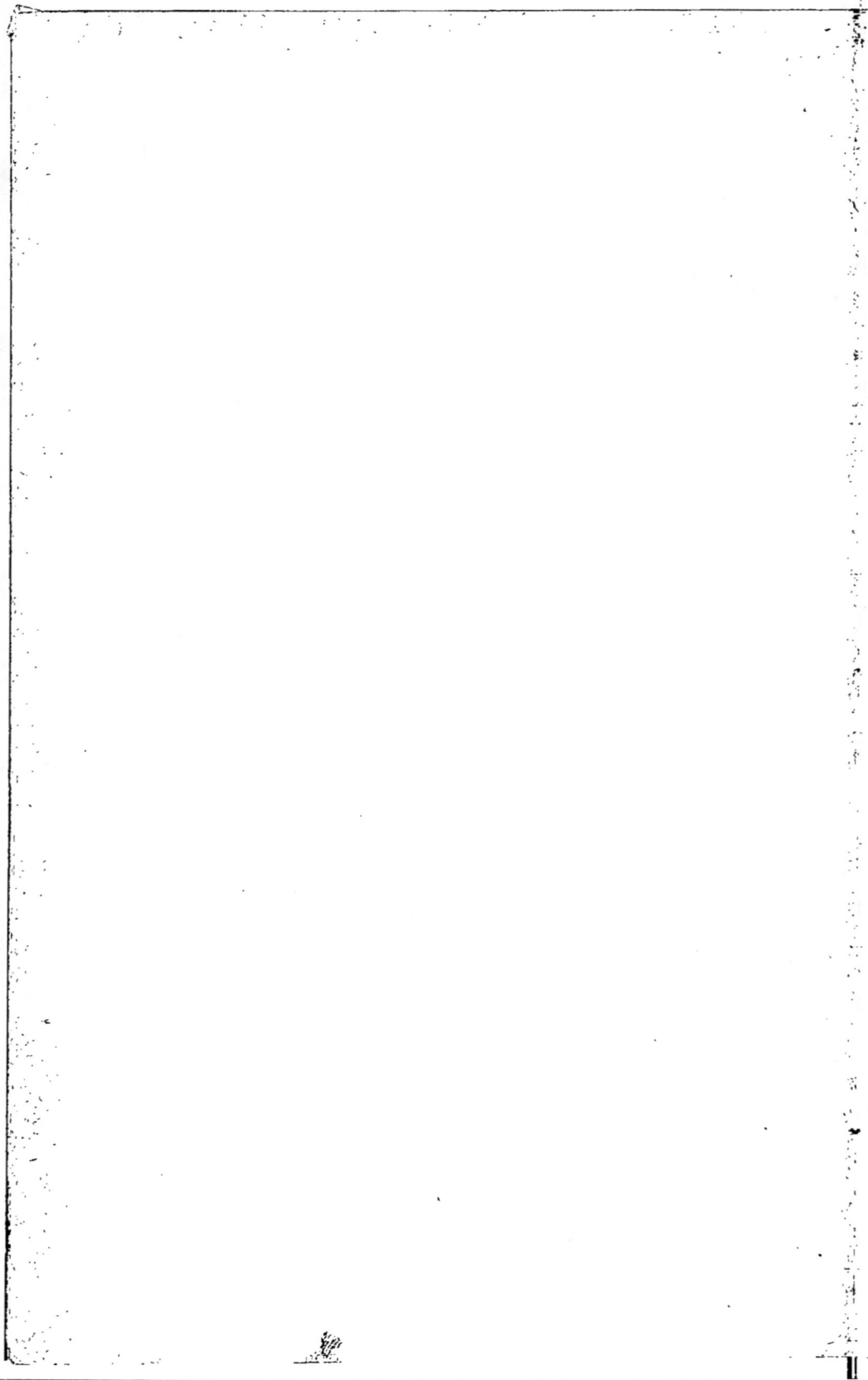

HISTOIRE

MUNICIPALE POPULAIRE

DE PARIS

CHAPITRE PREMIER

ORIGINES DE LA MUNICIPALITÉ PARISIENNE

Lorsque le grand capitaine romain Jules César fit la conquête de la Gaule (plus de cinquante ans avant J.-C.), il fut frappé de la situation de Lutèce, la ville des *Parises*. Il y convoqua une fois l'assemblée générale de la Gaule qui avait lieu chaque année au printemps. Ce fut aussi dans la plaine de Lutèce qu'un des lieutenants de César, nommé Labiénus, livra aux troupes gauloises, commandées par Camulogène, un furieux combat où nos ancêtres déployèrent un courage qui fit l'admiration des conquérants. Quatre cents ans plus tard, Julien l'Apostat bâtit peut-être et, à coup sûr, habita le palais des Thermes, dont les belles ruines touchent au musée de Cluny. Julien l'Apostat aimait tant « sa chère Lutèce », dont il vante les vignes et les figuiers, qu'il refusa de la quitter quand l'empereur Constance le rappela en Orient. Il se fit proclamer lui-même empereur sur les rives de la Seine et accorda le titre de *chevalier à tous les membres de la corporation des nautes*, c'est-à-dire des bateliers parisiens, qui, dès le règne de l'empereur Tibère, avaient constitué à Lutèce une association puissante, en relations suivies avec les autorités romaines. Maîtres de la navigation de la Seine, ayant à leur dévotion tous ceux qui vivaient du commerce fluvial, centralisant leurs ressources dans une caisse commune, les *nautes* en vinrent peu à peu à diriger les affaires, non seulement de leur corporation, mais de la ville tout entière.

Sous les rois francs des deux premières races, Paris resta un centre important. Au temps de Charlemagne, de grandes assemblées s'y tinrent, et les *comtes*, qui représentaient le souverain, prirent l'habitude de déléguer une partie de leurs pouvoirs aux chefs de la corporation des nautes, qui devinrent ainsi des magistrats municipaux. Pourvus d'une administration régulière, les Parisiens furent bientôt assez forts pour résister aux invasions des pirates normands qui, remontant le cours de la Seine, avaient, à plusieurs reprises, pillé les environs et rançonné la ville. En 885-886, Paris repoussa huit assauts, supporta la plus effroyable famine avec une résignation héroïque et conquit le titre de capitale du royaume. Le poète Abbon, auteur du poème sur le siège de Paris par les Normands, décrit ainsi l'état de la cité au ixᵉ siècle : « Parle, glorieuse Lutèce... Établie sur le milieu du cours de la Seine et au centre du riche royaume de France, tu t'es proclamée toi-même la grande ville, en disant : « Je suis la cité qui, comme une reine, « brille au-dessus de toutes les autres. » Tu frappes en effet les regards par un pont plus beau qu'aucun autre. Quiconque porte un œil d'envie sur les richesses des Francs, te redoute ; une île charmante te possède ; le fleuve entoure tes murailles, il t'enveloppe de ses deux bras et ses douces ondes coulent sous les ponts qui te terminent à droite et à gauche ; des deux côtés de ces ponts et au delà du fleuve, des tours protectrices te gardent. »

Au milieu de l'anarchie du xᵉ siècle, toujours placés sous la menace des invasions normandes, désolés par de terribles famines, réduits à contempler avec une impuissante tristesse les efforts des derniers Carlovingiens, puis des premiers Capétiens pour donner au titre royal une ombre

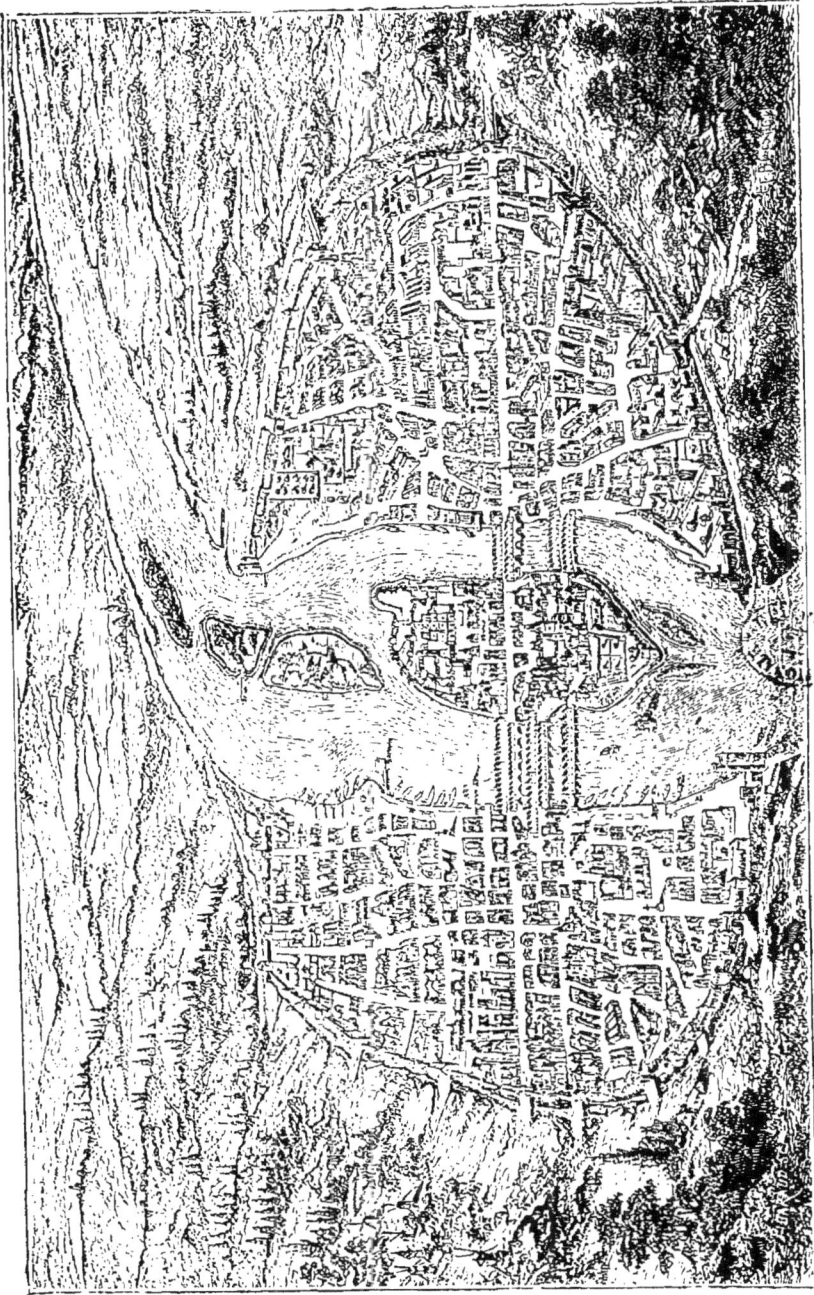

Paris sous Philippe-Auguste.

de force et de prestige, les Parisiens ne suivirent même pas le mouvement extraordinaire qui, au siècle suivant, poussa toutes les cités du nord de la France à conquérir des chartes de commune. Il est vrai que Louis le Gros (1108-1137), qui se montra souvent disposé à sanctionner les chartes communales que les vassaux avaient arrachées à leurs seigneurs, ne permit jamais à aucune ville du domaine royal de s'ériger en commune indépendante, pourvue d'une organisation autonome et de libertés particulières. Mais, si la royauté se refusait obstinément à laisser un pouvoir politique se constituer dans la capitale, elle ne vit aucun inconvénient à conférer des privilèges commerciaux à la corporation des *nautes*, qui, sous la dénomination nouvelle de *marchands de l'eau*, avait fini par exercer la réalité du pouvoir municipal. C'est ainsi que des actes successifs, dont le premier remonte à 1121, attribuèrent aux *marchands de l'eau* un droit de soixante sous d'or sur chaque bateau chargé de vin qui arrivait à Paris, et un véritable monopole de la navigation sur la Seine, en ce sens que les marchands étrangers qui outrepassaient les limites du pont de Mantes, sans être associés avec les marchands de l'eau parisiens, encouraient la peine de la confiscation de leurs bateaux et de ce qu'ils contenaient, moitié du produit devant revenir au roi et moitié à la corporation.

Sous Philippe-Auguste, les *marchands de l'eau* virent encore augmenter leurs privilèges en échange des services qu'ils rendaient à la royauté et notamment des charges qu'ils s'imposèrent pour paver certaines rues et construire une enceinte [1]. Ils étendirent aux affluents de la Seine leur

---

1. Les *Grandes Chroniques de France* racontent qu'un jour Philippe-Auguste, qui, d'une des fenêtres de son palais, regardait couler l'eau de la Seine, fut désagréablement affecté par la mauvaise odeur qui venait de la rue. « Lors fist mander le prévost et les bourgeois de Paris et leur commanda que toutes les rues et voies de la cité fussent pavées de grès gros et fors, soigneusement et bien. » Le chroniqueur ajoute que le roi voulut aussi « ôter la matière du nom de la cité », car *Lutèce* voulait dire « ville pleine de boue et boueuse ». Les habitants de la capitale l'appelèrent alors *Paris*, du nom de

monopole de navigation, malgré la résistance de certains seigneurs, le comte d'Auxerre par exemple; reçurent la concession des poids et mesures, avec le droit de haute police en cette matière, et, quand Philippe-Auguste partit pour la Terre Sainte avec le roi d'Angleterre, Richard Cœur de Lion, il chargea six bourgeois de Paris, probablement pris dans la corporation des marchands de l'eau, de veiller, concurremment avec les magistrats royaux, à l'administration des revenus de la couronne et au maintien de l'ordre dans la cité.

C'est seulement en 1258, sous le roi saint Louis, qu'on vit apparaître le titre de *Prévôt des marchands*, et se constituer d'une manière authentique une *municipalité* parisienne. Le *Prévôt des marchands* est appelé par les textes du XIIIe siècle *Prévôt des marchands de l'eau*, ce qui prouve que le chef de la confrérie était devenu en même temps le chef de l'administration municipale. Le prévôt avait quatre assesseurs qu'une ordonnance désigne tantôt sous le nom d'*échevins* tantôt sous celui de *jurés de la confrérie des marchands de l'eau*. En 1296, on créa vingt-quatre *conseillers de ville* pour assister le prévôt des marchands et les échevins. Ils formaient avec ces derniers ce qu'on appelait le *Grand Bureau de la Ville*.

Divers agents se rattachaient à la prévôté des marchands; mais, pour en comprendre les attributions, il faut savoir que la prévôté des marchands n'était pas seulement une administration municipale; elle était, en outre, sous le nom de *Parloir aux bourgeois*, un tribunal de commerce qui statuait sur toutes les contestations intéressant la navigation et les privilèges de la Ville. Considérée comme siège de justice, la prévôté des marchands était secondée par un greffier ou clerc, un procureur et un certain nombre de sergents. Le *Parloir aux bourgeois* faisait aussi office de notaire pour recevoir certains actes, de conseil de prud-

---

Paris, l'aîné des fils du roi troyen Priam, « car ils estoient descendus de cette lignée ».

hommes ou de tribunal arbitral pour concilier les parties ; enfin, c'était encore une *société de secours mutuels* qui venait en aide aux veuves et aux orphelins des membres de la confrérie. Ainsi la municipalité parisienne, se souvenant de ses origines et animée d'une vraie pitié pour la faiblesse des humbles, appliquait d'elle-même les maximes de saint Louis, qui, de son lit de mort, adressait à son fils ces belles paroles, que la ville de Paris devait rappeler un jour à un mauvais prince [1] : « Aie le cœur piteux et charitable aux pauvres gens, et les conforte et aide de tes biens. »

La *marchandise* avait sous sa surveillance tout le commerce fluvial, et, comme les diverses branches de commerce étaient réglementées à l'excès, une véritable armée de fonctionnaires subalternes, placés sous la direction de l'Hôtel de Ville, assurait l'exécution des ordonnances municipales. Il y avait des jurés mesureurs de grains, des jurés vendeurs de vin, des courtiers de chevaux, des mesureurs de sel et de bûches, des courtiers de graisse, des revisiteurs d'oignons, des jurés-crieurs, des porteurs de sel qui, organisés, sous la qualification d'*hénouarts*, en corporation de vingt-quatre membres, jouissaient du singulier privilège de porter les rois de France à leur dernière demeure.

Considérés non plus comme juges commerciaux, mais comme administrateurs, le prévôt des marchands et les échevins étaient les intermédiaires naturels et obligés entre la monarchie et la population parisienne. Responsables, en quelque sorte, du recouvrement de l'impôt, ils durent à chaque instant répartir et percevoir les tailles, les subsides et les prêts consentis par la Ville. De plus, ils avaient dans leurs attributions les fortifications, les fontaines et distributions d'eau, les ponts, le pavage, les hôpitaux et les établissements de bienfaisance.

Pour remplir une tâche aussi lourde et se relier à leurs administrés, ils avaient besoin du concours d'une série d'agents. Dès le xive siècle, on constate à Paris l'existence

---

1. Henri III.

des chefs de quartiers ou *quartiniers*, qui jouaient un rôle mixte, moitié militaire, moitié civil. Originairement limité à quatre, le nombre des quartiers s'éleva à huit sous Philippe-Auguste, puis à seize. Les seize *quartiniers* avaient la garde des portes, veillaient à la conservation des chaînes qui garnissaient le coin des rues, tenaient la liste des habitants de leur circonscription, qu'ils étaient chargés de réunir le cas échéant, dressaient les rôles des taxes, surveillaient les hôtelleries, gardaient chez eux les seaux et les crochets de fer qu'on employait en cas d'incendie, et, d'une manière générale, assuraient l'exécution de tous les *mandements* du *Bureau de la Ville*. Chacun d'eux avait sous ses ordres, à l'origine, *deux cinquanteniers* et dix *dizeniers*. Plus tard, il y eut jusqu'à quatre cinquanteniers et seize *dizeniers* par quartier. Tous ces officiers municipaux, dont le mode de désignation varia, restèrent longtemps les chefs de la milice municipale, qui fut mêlée à tous les grands événements de l'histoire de Paris.

Il faut arriver au xv⁰ siècle pour étudier avec précision et certitude le mode d'élection du prévôt des marchands et des échevins. Jusqu'à la prévôté d'Étienne Marcel, les magistrats municipaux paraissent même n'avoir été que les auxiliaires et les instruments du roi. Ni l'étendue de leurs attributions, ni la durée de leur mandat ne sont déterminées d'une manière rigoureuse; mais la monarchie compte déjà avec eux et la Maison de Ville devient un centre d'administration qui ne tardera pas à jouer un rôle important dans les luttes du peuple contre la monarchie absolue.

CHAPITRE II

ÉTIENNE MARCEL

La première moitié du xive siècle est une des plus sombres périodes dont les historiens français aient à tracer le tableau. Avec Charles le Bel, le dernier des fils de Philippe IV, s'était éteinte la branche aînée des Capétiens (1328) ; Philippe VI, cousin du dernier roi et parvenu au trône en vertu de la loi salique, qui excluait les femmes, avait tout d'abord entouré du prestige de la victoire l'avènement des Capétiens-Valois. La bataille de Cassel, gagnée sur les Flamands, semblait devoir ouvrir une ère de gloire et de prospérité ; mais bientôt les prétentions du roi d'Angleterre, Édouard III, qui revendiquait la couronne de France, en qualité de petit-fils de Philippe IV par sa mère Isabelle, suscitèrent une guerre formidable qui allait retarder d'un siècle l'essor de la civilisation. La bataille de Crécy (1346) coûta à la France la fleur de sa chevalerie ; la prise de Calais par Édouard livra aux Anglais une des portes du royaume. Enfin, pour comble de malheur, une épouvantable contagion, la *peste noire*, attrista la fin du règne de Philippe VI. A Paris, la mortalité fut immense. Un historien dit qu'il mourait huit cents personnes par jour ; un autre, que le nombre des morts dépassait celui des survivants.

Loin de réparer tant de désastres, le roi Jean, qui succéda à son père en 1350, ne fit qu'accumuler de nouvelles ruines. Entouré de favoris indignes, il se signala dès le

2

début par sa cruauté et ses folles dépenses. Après s'être rendu odieux par l'exécution du comte d'Eu, connétable de France, il dut, pour se procurer des ressources, convoquer à Paris les États généraux, le 17 octobre 1350. Mais les députés et notamment les députés de Paris prirent une attitude si menaçante qu'il fallut dissoudre les États. On remplit le trésor en altérant les monnaies. En un an, leur valeur varia de 100 pour 100. « C'est la loi en démence », a dit un grand historien [1]. Malgré ces déplorables expédients, le roi dut recourir de nouveau aux États généraux lorsqu'en 1355 les Anglais, qui avaient pris goût à la curée, rentrèrent en France par Calais et Bordeaux. La séance d'ouverture eut lieu le 2 décembre, dans la *Grand'Chambre* du Parlement de Paris. La bourgeoisie parisienne, indignée du pillage du Languedoc, auquel les troupes royales n'avaient apporté aucun obstacle, trouva cette fois un chef digne d'elle dans la personne du *prévôt des marchands* en charge. Il s'appelait ÉTIENNE MARCEL.

D'où venait cet homme, qui allait soutenir avec une énergie infatigable les revendications populaires, et si rudement punir de ses fautes et de ses crimes une noblesse dégénérée ? Il appartenait à la corporation des drapiers, la plus riche des corporations parisiennes. Son aïeul, Pierre Marcel, avait été le bourgeois le plus imposé de la paroisse Barthélemy dans la Cité. Sa femme, Jeanne Cocatrix, descendait, de son côté, d'une vieille famille parisienne qui avait donné son nom à l'une des rues de la ville et fourni un trésorier à Philippe le Bel. Honoré par la confiance de ses concitoyens des fonctions de prévôt des marchands, Marcel ne recula pas devant les hautes responsabilités dont la voix publique semblait l'inviter à accepter le fardeau. Les circonstances permettaient d'ailleurs au tiers état d'exprimer avec force les vœux et doléances du pays. On a tout lieu de croire qu'à cette époque les délégués de la bourgeoisie étaient nommés par le suffrage universel; il

1. Michelet.

est, en tout cas, certain qu'à lui seul le nombre des députés du tiers dépassait celui des députés du clergé et de la noblesse. Marcel prit sans difficulté la direction du troisième ordre et répondit « au nom des bonnes villes » à la demande de subsides présentée par le chancelier de France. Il fut le rédacteur principal de l'ordonnance de décembre 1355, qu'on a parfois appelée la *grande charte des Français*. Elle soumettait l'emploi des deniers publics au contrôle de neuf *superintendants* nommés par les États généraux, consacrait la substitution de percepteurs, désignés par les députés, aux officiers du roi ; interdisait au souverain et à ses courtisans d'affecter le produit de l'impôt à leurs dépenses personnelles ; ordonnait l'établissement d'une monnaie « bonne et stable », abolissait le *droit de prise*, en d'autres termes l'obligation pour les sujets de fournir aux gens du roi, quand ce dernier voyageait, toutes les choses qu'ils trouvaient à leur convenance ; enfin, proclamait ce principe que nul ne peut être distrait de ses juges naturels. On voit que, du premier coup, Marcel avait dicté la formule et réalisé la conquête d'une grande partie des libertés essentielles que le tiers état ne ressaisit qu'après un intervalle de quatre siècles !

Par malheur, de nouveaux désastres militaires vinrent brusquement interrompre l'élaboration des réformes intérieures. L'armée française fut anéantie près de Poitiers, le 19 septembre 1356, par le prince de Galles, qui fit prisonniers le roi et Philippe, son plus jeune fils. Ainsi humiliée sur les champs de bataille, la France tomba dans une profonde anarchie et une misère qui paraissait irrémédiable. Des bandes de brigands parcouraient les campagnes, tandis que les Anglais incendiaient les villes et les châteaux. Les paysans des environs de Paris, fuyant avec leurs familles devant les routiers, venaient s'abriter derrière les murs de la capitale. En haut, il n'y avait plus ni autorité ni prestige : la chevalerie était prisonnière ou avilie, et un prince « jeune d'âge et de conseil », le dauphin Charles, semblait incapable de sauver la patrie.

C'est dans ces tristes circonstances que les États généraux se réunirent de nouveau, le 15 octobre 1356. Les gens d'église et les nobles étaient en petit nombre, mais huit cents députés, nommés presque tous par les villes, avaient répondu à la convocation. Le prévôt des marchands de Paris, Étienne Marcel, secondé par Charles Toussac, échevin, et par Robert de Corbie, député d'Amiens, ne tarda pas à prendre la direction des États. Sous son impulsion, l'assemblée nomma une commission de quatre-vingts membres pour élaborer les mesures à prendre. Après quinze jours de débats, on aboutit aux résolutions suivantes : Les États offraient de quoi lever une armée de 80 000 hommes, mais sommaient le dauphin de substituer à son conseil privé un conseil nommé par les représentants du pays et réclamaient la mise en jugement d'un grand nombre de courtisans qu'on accusait des malheurs publics. Le dauphin essaya de gagner du temps et crut même détourner l'orage en quittant Paris, le 5 décembre, pour se rendre à Metz, où se trouvait l'empereur Charles IV, son oncle; mais quand il revint, le 14 janvier 1357, l'attitude des Parisiens n'était pas moins menaçante, et ce fut vainement que les courtisans essayèrent d'intimider Marcel. Menacé d'une insurrection formidable, le dauphin promit de renvoyer les officiers impopulaires, de retirer sa fausse monnaie de la circulation et de convoquer les États pour le 5 février.

Cette nouvelle session aboutit à la promulgation d'une ordonnance en soixante articles qu'on a nommée la *Grande Ordonnance*. C'est le monument législatif le plus important qu'on puisse citer avant la Révolution de 1789. Elle déclarait les députés inviolables, leur permettait de se réunir quand ils le jugeraient à propos, pour délibérer sur la guerre, sur les impôts et sur le gouvernement du royaume; abolissait la vénalité des charges judiciaires, interdisait les altérations de monnaies, soumettait la perception des impôts au contrôle des États; permettait aux habitants de s'assembler au son des cloches pour résister aux exactions des gens du roi; enfin, plaçait à côté de la couronne un conseil tiré des États et dont les membres seraient rétribués.

Le dauphin, si l'on tient compte des idées du temps, ne pouvait que s'irriter d'un plan de réforme qui n'était pas autre chose que le gouvernement du pays par le pays, tel qu'on l'entend de nos jours. Il s'adressa au roi Jean, qui, de sa prison d'Angleterre, fit défendre à ses sujets de payer l'impôt. La province se conforma avec empressement à cette prohibition; mais Marcel força le dauphin de désavouer les volontés royales. Toutefois, beaucoup de ses collègues des États refusèrent, dès ce moment, de continuer la lutte contre la cour. L'audacieux prévôt des marchands ne se laissa pas abattre par ces défections. Il compléta les fortifications de Paris et organisa une armée municipale, en lui donnant pour cadres les *quartiniers*, *cinquanteniers* et *dizeniers*.

De son côté, le dauphin Charles se crut assez fort pour braver la capitale, et, après avoir déclaré qu'il ne voulait plus être en tutelle, il quitta Paris pour essayer de soulever les provinces. Mais les bonnes villes, qui avaient consenti volontiers à ne pas payer l'impôt aux délégués des États, refusèrent d'accorder le moindre subside à l'héritier du trône. Celui-ci, déçu dans ses espérances, craignant d'être enlevé par les routiers, dut rentrer dans Paris et se mettre à la merci du prévôt. Marcel réclama aussi la convocation des États pour le 7 novembre. Dès la première séance, les États sommèrent le duc Charles de faire mettre en liberté le roi de Navarre, Charles le Mauvais, qui avait été arrêté le 16 avril 1356 par le roi de France en personne, et qu'on avait transféré du Châtelet de Paris au château d'Arleux. A peine libre, le roi de Navarre se rendit dans la capitale, où le dauphin fut obligé de lui faire bonne mine, puis il alla prendre possession de ses villes et châteaux.

La situation devenait tous les jours plus tendue entre le duc Charles et Marcel. En janvier 1358, le prévôt fit prendre à ses partisans le chaperon rouge et bleu aux couleurs de la Ville. Sur les agrafes de métal on grava les mots suivants : « En signe d'alliance de vivre et mourir avec le prévôt contre toutes personnes. » La place publique devenait une arène où les deux rivaux venaient faire assaut d'éloquence. Aux Halles, le 11 janvier, le dauphin avait prononcé un discours véhément contre « ceux qui avaient le gouvernement », et les avait accusés d'entraver ses efforts pour relever la France. Mais, dès le lendemain, le peuple faisait une ovation à Marcel, dans la grande assemblée de Saint-Jacques de l'Hôpital. L'exécution, par ordre du duc, d'un bourgeois, nommé Perrin-Marc, qui avait tué le trésorier Jean Baillet, en voulant l'empêcher de lui voler deux chevaux, acheva d'exaspérer les masses, que de nouvelles altérations de monnaie venaient encore d'atteindre dans leurs intérêts matériels. Indigné de voir que le dauphin promettait toujours de déférer aux vœux des États, et ne tenait jamais ses promesses, inquiet pour sa sûreté personnelle, car une armée royale se formait déjà entre Saint-Cloud et Saint-Germain, le prévôt des marchands résolut de frapper un grand coup. Le 22 février 1358, il assembla près du palais tous les *métiers de Paris*, au nombre de trois mille, « tous armés », et envahit la résidence du dauphin. Le prince avait à ses côtés deux officiers détestés : Jean de Conflans, maréchal de Champagne, et Robert de Clermont, maréchal de Normandie. Après un échange de paroles aigres et de récriminations violentes : « Sire, dit Marcel, ne vous esbahissez des choses que vous verrez ; car il convient que ce soit fait. » Aussitôt les gens des métiers se jetèrent sur les deux officiers et les tuèrent. Abandonné par ses serviteurs, le dauphin implora la protection du prévôt, qui lui mit sur la tête le chaperon rouge et bleu aux couleurs de Paris, et prit le chaperon du duc.

Cette double exécution était si bien le fait de toute la population parisienne que Marcel, en sortant du palais, fut accueilli par des acclamations unanimes. A la harangue qu'il prononça d'une fenêtre de la *Maison aux piliers*, où la municipalité s'était installée en juillet 1357, les Parisiens

Meurtre des maréchaux de Champagne et de Normandie.

répondirent par ces cris : « Nous avouons le fait et nous les soutiendrons. » Tous les membres du Parlement et les députés aux États se parèrent du chaperon municipal, ainsi que le roi de Navarre, le duc d'Orléans, frère du roi de France, et le dauphin lui-même. L'Université applaudit; Amiens, Rouen, Beauvais, Laon, Senlis adhérèrent aux actes du prévôt et adoptèrent son programme. Estimant que la place n'était plus tenable pour lui, le dauphin s'enfuit, la nuit de Pâques fleuries, et alla rejoindre sa noblesse, que le meurtre des maréchaux avait exaspérée. Marcel comprenait qu'il n'y avait plus de transaction possible entre lui et la cour; c'était une lutte pour la vie. Il saisit l'artillerie du Louvre, compléta les fortifications de la ville et, dans une lettre adressée au régent, le mit en demeure de conduire aux frontières « les gendarmes qui étaient en sa compagnie » au lieu de les employer à se saisir de forteresses « en gouvernement de très bonnes gens et qui ne coûtaient rien à garder ». Pour répondre aux nobles qui s'étaient réunis à Compiègne le 4 mai 1358, sur la convocation du dauphin, et avaient usurpé la qualification d'États généraux, Étienne Marcel leva une véritable armée, détruisit le pont de Corbeil et fit nommer le roi de Navarre capitaine général et défenseur de la ville.

À cette époque, l'absence de gouvernement, l'anarchie qui avait succédé au désastre de Poitiers, l'insolence et l'incapacité des gentilshommes, avaient provoqué une formidable guerre sociale dans les provinces. De toutes parts, les paysans, trouvant intolérable l'excès de leurs misères, avaient couru aux armes, ayant pour mot d'ordre l'extermination des nobles. Les *Jacques*, tel était leur nom [1], brûlaient les châteaux et n'épargnaient même pas les femmes et les enfants de leurs oppresseurs séculaires. Marcel, tout en affirmant qu'il aimerait mieux mourir que

1. Certains chroniqueurs disent que le nom de *Jacques* venait de *Jacques Bonhomme*, l'un des chefs des révoltés. D'autres prétendent que c'était un sobriquet donné par les nobles aux paysans, et que ces derniers avaient relevé et voulu rendre terrible.

d'approuver les crimes des Jacques, profita de la diversion
que les circonstances lui offraient et, sur la demande
de Guillaume Calle, l'un des principaux chefs des Jacques,
organisa deux expéditions pour leur venir en aide. Mais
les deux corps parisiens, commandés l'un par Philippe
Gilles, épicier de Paris, l'autre par Jean Vaillant, prévôt
des monnaies, furent taillés en pièces à Meaux par le
captal de Buch et Gaston Phœbus, comte de Foix, qui reve-
naient de la croisade de Prusse avec soixante lances
(9 juin 1358). En outre, le roi de Navarre, allié jusque-là
des Parisiens, voulut se dégager de toute complicité avec
les Jacques, et, après avoir couronné d'un trépied de fer
rouge Guillaume Calle, qui s'était mis sous sa protection,
il massacra, près de Montdidier, trois mille de ces soldats
improvisés. Les cruautés des Jacques furent égalées sinon
dépassées par les Navarrais et les gentilshommes dévoués
au régent. On précipitait les prisonniers dans les rivières;
on les pendait aux arbres par grappes. Un document
authentique constate qu'on en tua plus de vingt mille en
une seule journée, celle de la Saint-Jean-Baptiste.

La malheureuse issue de l'expédition de Meaux avait
atterré les Parisiens. Une armée de 30 000 hommes, commandée par le dauphin, campait sous leurs murs et affa-
mait la ville. Les troupes du roi de Navarre, cantonnées à
Saint-Denis et à Saint-Cloud, n'étaient guère moins menaçantes. En cette extrémité, Marcel essaya de rendre coup
pour coup. Il fit exécuter Thomas Fougnant, maître des
œuvres de la ville, et Jean Perret, maître des eaux, con-
vaincus d'avoir favorisé l'évasion du régent. Par une éloquente circulaire du 11 juillet, il s'efforça de réveiller le
vieil esprit d'indépendance municipale des bonnes villes
rappela la campagne atroce des nobles contre les non-
nobles et la haine témoignée aux humbles par ces gentilshommes qui avaient si mal soutenu l'honneur national
sur les champs de bataille de Crécy et de Poitiers. Il
terminait en invitant les villes amies à se croiser contre les
nouveaux Sarrasins pour défendre « le bon peuple, les

bons laboureurs et les bons marchands, sans lesquels on ne peut vivre ». Mais, contre l'armée du dauphin, il fallait autre chose que des paroles et des lettres. Marcel, désespéré, dut faire appel au roi de Navarre et subordonner la grande cause des libertés publiques à celle d'un prince ambitieux, qui cherchait peut-être à usurper le trône. Cette alliance lui aliéna bien des dévouements, d'autant plus que, parmi les mercenaires du Navarrais qui furent alors introduits dans la capitale, beaucoup appartenaient à la nationalité anglaise, et la haine de l'Anglais était alors si vivace dans tous les cœurs qu'un certain nombre de ces aventuriers ne furent sauvés qu'avec peine de la fureur populaire. Marcel dut les reconduire aux portes de Paris, avec une escorte d'archers « les arcs tendus ». Une sortie de la milice parisienne n'ayant abouti qu'à perdre six cents hommes, tombés dans une embuscade au bois de Boulogne, les partisans du dauphin accusèrent hautement le prévôt des marchands de trahir le peuple. Marcel avait connu les enivrements de la popularité ; il connut toutes les amertumes de la calomnie. Une seule voie de salut lui restait : faire entrer dans la capitale les troupes navarraises. Il prit ses dispositions pour leur ouvrir les portes dans la nuit du 31 juillet ; mais ses projets avaient transpiré. Depuis quelque temps Pépin des Essarts et Jean de Charny avaient noué des intelligences avec Jean Maillart, parent du prévôt et gardien de la porte Saint-Denis, tandis que le dauphin confisquait les biens de ce même Maillart, pour donner le change à Marcel. Lorsque le prévôt se présenta à la bastide Saint-Denis et ordonna au poste d'en livrer les clefs à Joceran de Mâcon, trésorier du roi de Navarre, les gardiens de la porte refusèrent d'obéir, tandis que Jean Maillart, une bannière à la main, parcourait la ville au galop en criant : « Montjoie Sant-Denis ! au roi et au duc ! » Marcel se dirigea alors vers la bastide Saint-Antoine, pour essayer de faire ouvrir une autre porte ; mais, après une courte lutte entre l'escorte du prévôt et les gens de Maillart, Étienne Marcel fut tué d'un coup de hache, ainsi que ses amis Philippe

Giffart et Simon le Paonnier [1]. Son frère, Gilles Marcel, succomba en défendant la porte Beaudoyer. On tua aussi l'échevin Jean de l'Isle, Charles Toussac, Joceran de Mâcon, et une soixantaine d'autres partisans du prévôt furent emprisonnés au Châtelet.

Le 2 août, le dauphin entrait à Paris. Son premier acte fut de faire jeter à la Seine les cadavres de Marcel, de Giffart et de Jean de l'Isle. On décapita les échevins Toussac et Joceran de Mâcon ; les biens de Marcel furent confisqués et distribués aux courtisans. Le plus illustre de ses amis, Lecoq, évêque de Laon, se réfugia auprès du roi de Navarre. Quant aux privilèges de la municipalité parisienne, le dauphin les abolit en partie et transporta les principales attributions du prévôt des marchands au prévôt de Paris, officier royal. Toute résistance fut étouffée par les supplices ; chacun se croyait menacé des représailles de la cour, si bien que les gens de métiers se portèrent en foule à l'Hôtel de Ville et demandèrent « si on allait les prendre les uns après les autres ». Craignant un nouveau soulèvement, le dauphin consentit enfin à mettre un peu de justice dans la répression ; il nomma un tribunal d'enquête pour statuer sur le sort des prisonniers et la plupart d'entre eux ne tardèrent pas à être mis en liberté.

Telle fut la destinée d'Étienne Marcel. Sans doute le hardi prévôt a commis des fautes et a pris l'initiative de mesures violentes. On lui a passionnément reproché le meurtre des maréchaux, son alliance avec les Jacques et avec le roi de Navarre ; mais ceux qui le jugent avec une sévérité inflexible oublient volontiers la grandeur de son œuvre et les circonstances terribles au milieu desquelles il a tenté de l'accomplir. On ne veut pas reconnaître que le XIVe siècle est l'une des plus tristes époques de notre histoire ; que des

1. Il n'est nullement prouvé que Marcel ait péri de la main même de Maillart. D'après *Guillaume de Nangis*, le meurtrier fut l'un des gardiens de la porte Saint-Antoine ; et la *Chronique de Jean de Nouelles* dit que le prévôt « fut assailli et occis du commun », c'est-à-dire qu'il périt dans une mêlée confuse. Les deux versions de Froissart sont contradictoires.

rois tels que Jean *le Bon*, qui faisait assassiner sans jugement le connétable de France et envoyait à la mort le
comte d'Harcourt attiré dans le palais du dauphin comme
en un coupe-gorge ; des gentilshommes tels que les vaincus
de Crécy et de Poitiers, dont les chroniques du temps flé-
trissent l'insolence et les vices, avaient provoqué les représailles du tribun populaire. Après tout, Marcel a payé de
sa tête l'audace de ses revendications. Son sang ne vaut-il
pas celui de ses adversaires ? La cruauté de la réaction aristocratique a-t-elle rien à envier aux entraînements de la
révolte ? Quand on passe en revue les tentatives de Marcel
et les vastes réformes dont il soumit le plan aux États Généraux, on reste confondu d'admiration, car, par une sorte
d'anticipation admirable, il avait trouvé la formule de
presque tous les grands principes sur lesquels reposent
aujourd'hui les constitutions des peuples libres, c'est-à-dire :
le gouvernement du pays par des mandataires élus, le vote
de l'impôt par les représentants des contribuables, la suppression des privilèges fondés sur la naissance ; l'abolition
de la vénalité des charges judiciaires ; l'unité politique et
administrative ; en un mot, la subordination des souverains
traditionnels à cet éternel souverain qui s'appelle LA NATION.
Aussi a-t-il attaché à son nom une gloire impérissable, et,
comme l'a écrit un éminent historien [1] en réclamant pour
lui des statues, « c'est la plus grande figure du XIVe siècle ».

1. M. Henri Martin.

CHAPITRE III

Après la mort de Marcel et de ses fidèles échevins, la prévôté des marchands était devenue un simple rouage administratif. La vie du prévôt avait été la rançon de Paris; le traité de Brétigny, signé par le roi Jean, prisonnier, avait été la rançon de la France. Il abandonnait aux Anglais presque la moitié du territoire. Le règne de Charles V (1364-1380) fut entièrement consacré à la lutte pour l'indépendance nationale, et la politique de temporisation que ce prince opposa aux invasions anglaises produisit des résultats inespérés. Lorsqu'il mourut, à quarante-trois ans, l'étranger ne possédait plus en France que Bayonne, Bordeaux, Brest, Cherbourg et Calais. Mais Charles *le Sage* ne perdit jamais le souvenir des humiliations que la municipalité parisienne et son illustre chef lui avaient infligées pendant la captivité du roi son père. Édilité, fortifications, police du fleuve, construction des ponts et des ports, répression des délits, il fit tout rentrer dans les attributions du *Prévôt de Paris*, son favori Hugues Aubriot, tandis que le Prévôt des marchands faisait piètre figure à côté de l'officier du roi et ne conservait guère que le privilège honorifique de tenir, avec les échevins, le dais d'or qu'on portait au-dessus des rois et des reines dans les circonstances solennelles. Quant aux bourgeois de Paris, on flattait leur vanité en les autorisant à « faire porter à

leurs chevaux des freins dorés et autres ornements servant
à l'état de chevalerie »; mais on posait la première pierre
de la Bastille pour les tenir en respect (22 avril 1370), et la
construction du petit Châtelet fut un avertissement sévère
pour les écoliers de l'Université qui avaient élevé le tapage
nocturne à la hauteur d'une institution. Il est vrai que,
après la mort de Charles V, les écoliers ne se firent pas faute
d'aller applaudir sur la place du parvis Notre-Dame, le
17 mai 1381, à l'*amende honorable* que l'orgueilleux prévôt
royal Aubriot dut faire, en chemise et à genoux, aux évêques et à l'Université, avant d'être écroué à la prison de
l'évêché, où, dix mois plus tard, l'insurrection des Maillotins devait venir le chercher. En résumé, Charles V avait
été un prince aussi absolu que ses prédécesseurs, Jean et
Philippe VI. Il fit, à coup sûr, un usage patriotique et habile
de sa prérogative, mais il s'attacha et réussit, dans une
certaine mesure, à remplacer, dans l'âme des bourgeois de
Paris, le culte des libertés municipales par la mesquine et
dépravante recherche des avantages personnels. En accordant la noblesse aux officiers municipaux, il les rendait
inoffensifs pour les nobles et pour la couronne. Le Prévôt
des marchands devenait l'humble satellite du Prévôt de
Paris, et l'habitude d'être relégués au second plan aura
pour les magistrats de la cité cette conséquence curieuse
que, dans la longue anarchie qui va suivre, ils abandonne-
ront à l'Université la direction des masses populaires.

Charles VI avait douze ans quand il succéda à son père.
Ses oncles, surtout le duc d'Anjou, mirent aussitôt la
France au pillage, ne payèrent pas les troupes et volèrent
le trésor du feu roi. Des émeutes éclatèrent à Paris pour
protester contre ces scandales et contre l'augmentation
des impôts. Le duc d'Anjou dut monter au Palais de justice *sur la table de marbre* et entendre les paroles indignées
du Prévôt des marchands, qui lui dit en face que les habitants préféraient tous la mort à la perte de leurs vieilles
libertés. Il fallut que les ducs accordassent la remise des
droits d'entrée sur les marchandises, et que le chancelier

reconnût en leur nom que la souveraineté des princes avait pour unique fondement le suffrage des peuples. Pour se dédommager, les courtisans provoquèrent un pillage général des maisons de Paris qui appartenaient aux Juifs, créanciers de la noblesse (15 nov. 1380). Le 1er mars 1382 (pendant une absence du roi qui était allé à Rouen réprimer une émeute), de nouveaux désordres eurent lieu à Paris. Indignés des impôts iniques que multipliait sans peine le génie fiscal du duc d'Anjou, les contribuables s'étaient portés en foule à l'Hôtel de Ville pour y enlever les poignards, les épées et les *maillets* [1] de plomb qu'on y savait déposés. Puis, ils s'étaient répandus par la ville, massacrant les percepteurs, pillant les demeures des Juifs, et ouvrant les portes des prisons. L'ancien prévôt de Paris, Hugues Aubriot, fut arraché aux mains de l'évêque et porté en triomphe; mais il se souvenait du sort de Marcel et se déroba par la fuite au périlleux honneur de diriger une insurrection.

Les princes dissimulèrent d'abord leur colère et se contentèrent de frapper les Parisiens d'une amende, car ils préparaient une grande expédition contre les Flamands qui avaient chassé leur comte. Mais, après la bataille de Roosebeke (27 nov. 1382), qui fut un triomphe pour la noblesse française, les Parisiens s'aperçurent qu'ils avaient été vaincus en même temps que les Gantois. Charles VI rentra dans sa capitale par la brèche, après avoir fait abattre un pan de muraille. Pendant quinze jours, les arrestations et les supplices ne cessèrent pas. On décapita le drapier Nicolas Flamand, qui avait, dit-on, participé avec Étienne Marcel au meurtre des deux maréchaux, et Jean Desmaretz, ancien membre du conseil du roi, ami des trois rois précédents, mais qui s'était attiré la haine des ducs de Berry et de Bourgogne. La cour ne se contenta pas de frapper l'élite de la bourgeoisie; elle frappa aussi les institutions. Une ordonnance du **27 janvier 1383** fit table

---

1. De là le nom de *Maillotins* qu'ont gardé les insurgés de 1382.

rase des franchises municipales, en mettant « sous la main du roi » la prévôté des marchands, la juridiction de l'Hôtel de Ville et la caisse municipale. La puissante hiérarchie des quartiniers, cinquanteniers et dizeniers fut abolie du même coup. Des amendes énormes achevèrent de ruiner les meilleures familles parisiennes ; leur influence, leur énergie restèrent pour longtemps paralysées, et, quand viendra l'heure de la revanche populaire, ce seront les gens des métiers, les ouvriers manuels qui prendront la tête du mouvement.

Paris et la France avaient lieu d'espérer que le roi Charles VI, en prenant des années, finirait par prêter l'oreille aux doléances de son peuple, et, en effet, au retour de l'expédition de Gueldre (1388), qui avait coûté des sommes énormes, gaspillées en pure perte, le roi mit fin à l'administration de ses oncles et rappela les anciens conseillers de son père, Bureau de la Rivière, Arnauld de Corbie, Jean de Nogent et Jean de Montaigu. Le commandement des armées fut confié au connétable de Clisson et à le Bègue de Vilaines. C'étaient des gens de petit état, des *marmousets*, comme les appelèrent par dédain les amis des ducs, mais ils remirent peu à peu l'ordre dans l'administration et dans les finances. Grâce à leur influence, la prévôté des marchands reprit quelques-unes des attributions qu'on lui avait enlevées et cessa d'être confondue avec la prévôté de Paris. Jean Juvénal des Ursins, père de l'historien, fut choisi par le Conseil pour réorganiser l'Hôtel de Ville, et il restaura avec une grande énergie les franchises municipales. Malgré l'opposition des seigneurs qui avaient établi des moulins et des barrages sur la Seine, trois cents ouvriers détruisirent en une seule nuit tous les *empêchements* qui gênaient la libre circulation sur le fleuve. Ces mesures libérales rendirent le roi populaire, et les Parisiens payèrent sans marchander les sommes considérables que coûta l'entrée de la reine Isabeau dans la capitale (22 août 1389). Mais l'abus des plaisirs avait ruiné la santé du roi. Brusquement, la folie éclata, dans la forêt du Mans, au cours de

l'expédition que Charles VI avait voulu diriger en personne
contre le duc de Bretagne, qui refusait de livrer Pierre de
Craon, auteur de la tentative d'assassinat contre le connétable de France, Olivier de Clisson. Les ducs ne manquè-
rent pas de profiter de la démence du malheureux prince
pour persécuter les plus honnêtes conseillers de la couronne. Par ordre du duc de Bourgogne, on emprisonna à
la Bastille Jean de Nogent, qui avait refusé de mettre à sa
discrétion le trésor royal; Bureau de la Rivière et le Bègue
de Vilaines se virent infliger le même traitement. Le connétable de Clisson dut se réfugier dans son château de Bretagne. Quant au prévôt des marchands, Juvénal des Ursins,
le duc de Bourgogne suborna de faux témoins qui l'accusèrent « d'avoir fait plusieurs choses dignes de grande
punition ». Mais les commissaires du Châtelet chargés de
l'information perdirent leurs pièces dans une taverne, et un
chien les porta à l'aubergiste, qui, au milieu de la nuit, alla
prévenir Juvénal à l'Hôtel de Ville. Le Prévôt, accompagné
de 400 notables, se rendit le lendemain au bois de Vincennes, où Charles VI tenait ses assises comme autrefois
saint Louis, et, après un débat où les machinations des ducs
furent percées à jour, le roi, qui sortait d'une longue crise
et avait retrouvé une lueur de raison, renvoya le prévôt
absous, avec ces douces paroles : « Allez-vous-en, mon ami,
et vous mes bons bourgeois... Je vous dis que mon prévôt
est prud'homme et que ceux qui ont fait proposer ces choses sont mauvaises gens. » De pareils traits faisaient aimer
le prince, malgré sa folie. En janvier 1393, dans une mas-
carade de la cour, il s'était déguisé en satyre, ainsi que plusieurs courtisans. Le duc d'Orléans approcha une torche
du costume de l'un d'eux, qui s'enflamma aussitôt et communiqua le feu aux autres. Quatre seigneurs périrent, et
l'on crut d'abord que le roi était au nombre des victimes.
Au dire du chroniqueur Froissart, « la communauté de
Paris » s'indigna fort et déclara hautement que, si le prince
était mort, « ses oncles et son frère eussent été tous occis et
tous les barons et chevaliers qu'on eût trouvés dans Paris ».

Alors commence le grand duel des ducs. Il s'agissait de savoir qui exploiterait la France : Orléans ou Bourgogne. En avril 1403, le duc d'Orléans s'était fait conférer par le roi des pouvoirs illimités ; il en profita pour lever des impôts énormes dont le produit fut déposé dans une tour du Palais ; mais le duc vint le voler, la nuit, avec ses gens d'armes. Le peuple, indigné, comptait sur le duc Philippe de Bourgogne pour punir cette infamie, mais Philippe mourut dans le Hainaut, le 27 avril 1404. Son fils, Jean sans Peur, sut, dès le début, se rendre populaire auprès des Parisiens, en protestant contre l'élévation des tailles. C'est ce qui explique qu'après l'assassinat du duc d'Orléans, le 27 novembre 1407, ils soient restés fidèles au meurtrier, à tel point que la reine Isabeau dut lui abandonner Paris et se réfugier à Tours. Jean sans Peur s'acquit un nouveau titre à la reconnaissance des Parisiens en restaurant en partie les libertés municipales, abolies depuis vingt-six ans. Les lettres du 10 septembre 1409 rendirent aux bourgeois les privilèges qui leur avaient été enlevés après l'insurrection des Maillotins et ordonnèrent au gardien des chartes de délivrer à l'Hôtel de Ville copie des titres qui auraient été perdus. Cela n'empêchait pas le duc de Bourgogne de traiter Paris en ville conquise et d'assurer ses vengeances personnelles avec une cruauté qui mécontenta le peuple. Il y eut une émeute après l'arrestation du sire de Montaigu, grand maître de l'hôtel du roi, dont le seul crime était d'avoir joui de la faveur du duc d'Orléans et d'être immensément riche. Il fut pendu au gibet de Paris, après avoir subi d'épouvantables tortures.

La capitale était le champ de bataille des princes. Jean sans Peur avait logé huit mille hommes chez les bourgeois, tandis que ses Brabançons pillaient Saint-Denis, et que le jeune duc d'Orléans, marié à la fille du comte Bernard d'Armagnac, s'avançait de Chartres sur la capitale, mettant tout à sac dans un rayon de vingt lieues. A la suite d'une courte trêve, la guerre se déchaîna de nouveau, en juillet 1411. Paris, pour se défendre, se jeta dans les bras du duc de Bourgogne et accepta le comte de Saint-Pol pour capitaine de la ville. Cet officier bourguignon chercha ses auxiliaires parmi les chefs de la corporation des bouchers. Mis à l'écart, craignant pour sa vie, le prévôt des marchands, Charles Culdoë, s'enfuit avec trois cents bourgeois. On le remplaça par Pierre Gentien, choisi par le dauphin sur la désignation des Bourguignons et non en vertu du libre suffrage des électeurs. La réalité du pouvoir municipal passa à une troupe de 500 bouchers, payée sur les fonds de la Ville et commandée par les plus riches de la corporation, les Saint-Yon, les Thibert, les Le Goix. Les maîtres bouchers avaient derrière eux toute une armée de valets et d'écorcheurs, habitués à la vue du sang. L'un d'eux, SIMON CABOCHE, a donné son nom à la faction qui de 1411 à 1413 (août) resta maîtresse de Paris.

Une chose digne de remarque, c'est que la municipalité officielle et l'Université marchaient d'accord avec les bouchers. Jean de Troyes, le savant chirurgien, siégeait, en qualité d'échevin, à côté du boucher Jean de Saint-Yon. Ce sont les savants et les légistes du parti démocratique qui se firent confier par Charles VI (*lettres patentes* du 10 novembre 1412) le soin de reviser les vieilles ordonnances et les vieux usages, concernant la juridiction du Prévôt des marchands et des échevins de Paris. Ils poursuivirent imperturbablement leur enquête, pendant que les bouchers terrorisaient la capitale, envahissaient par deux fois l'hôtel du dauphin, attaquaient la Bastille, massacraient plusieurs gentilshommes, incarcéraient au Châtelet le Prévôt de Paris, Pierre des Essarts, et imposaient au roi et aux ducs le chaperon blanc des Gantois. Ce sont ces mêmes légistes, unis aux délégués de l'Université, qui élaborèrent la *grande ordonnance* de 1413, qui a gardé le nom d'*ordonnance cabochienne*, et que Michelet a appelée, non sans un peu d'exagération, le *Code administratif* de la vieille France. Elle reposait sur deux idées : la centralisation de l'ordre judiciaire, qu'on rattachait au Parlement, et celle de l'ordre financier, qu'on rattachait à la Chambre des Comptes. L'ordonnance s'occupait aussi des gens des campagnes, leur permettait de courir sus aux loups, de détruire les nouvelles garennes et de refuser les péages établis par les seigneurs « au grand dommage du bien public et de la marchandise du royaume ».

Malheureusement, cette grande réforme était imposée par la violence à la monarchie, au lieu de provenir de l'initiative raisonnée du pouvoir central. Tous les jours, de nouveaux meurtres ensanglantaient les rues. Jacques de la Rivière fut assommé dans sa prison. Le 1er juillet 1413, on traîna au supplice l'ancien Prévôt de Paris, des Essarts, et personne n'osa bouger. Jean sans Peur dut supplier à mains jointes le capitaine Jacqueville de ne pas massacrer les gentilshommes du dauphin dans la demeure royale, que les bouchers avaient encore envahie pendant la nuit du 9. Tous les bourgeois, le prévôt des marchands et ses collègues, avaient hâte de mettre fin au désordre. Caboche, paradant dans ses armes neuves et dictant ses ordres à la municipalité, ne personnifiait que la force brutale. Mais, à la grande assemblée qui eut lieu le 2 août à l'Hôtel de Ville, les charpentiers tinrent tête aux bouchers, et Guillaume Cirace, menacé par un des frères Le Goix, répliqua qu'il y avait à Paris « autant de frappeurs de cognée que d'assommeurs de bœufs ». Le lendemain la Bastille était enlevée aux bouchers; le dauphin montait à cheval et, suivi des bourgeois en armes, chassait de l'Hôtel de Ville ceux qui avaient si longtemps fait trembler Paris. *La paix! La paix!* tel était le cri qui sortait de toutes les poitrines. Après avoir essayé d'enlever le roi, le duc de Bourgogne regagna brusquement la Flandre, en laissant le champ libre aux Orléanais.

Docile au conseil de Juvénal des Ursins, le dauphin n'abusa pas de sa victoire. Il se contenta de destituer deux des échevins, Jean de Troyes et Robert du Belloy, qui avaient joué un rôle violent dans les derniers événements. Mais l'*ordonnance cabochienne*, atteinte par la réaction, fut abrogée solennellement, trois mois après sa promulgation (*lit*

de justice du 3 sept. 1413). Et cependant, écrivait Juvénal
des Ursins, l'un des auteurs du rétablissement de l'ordre,
il y avait « de bonnes choses » dans cette ordonnance cabochienne.

Les Armagnacs se montrèrent tout aussi cruels que les
bouchers de Caboche. Ils tinrent le roi et le dauphin en
charte privée, désarmèrent les bourgeois, chassèrent les
femmes auxquelles on supposait des sentiments bourguignons, et destituèrent le chancelier Juvénal des Ursins,
qui avait voulu défendre le trésor royal. Mais ils ne surent
pas chasser les Anglais comme ils avaient chassé les
femmes bourguignonnes, et donnèrent la bataille d'AZIN-
COURT (25 oct. 1415) pour pendant à Crécy et à Poitiers.
Ni Jean sans Peur ni le comte d'Armagnac n'avaient pris
part à la bataille. On eût dit qu'ils se réservaient pour la
guerre civile, dont la possession de Paris était l'enjeu. Le
comte Bernard repoussa d'abord toutes les attaques des
Bourguignons. Grâce à l'énergie du Prévôt de Paris,
Tanneguy du Châtel, il réprima, en février 1416, la tentative d'insurrection fomentée par le chanoine Amaury
d'Orgemont, frère du dernier évêque de Paris. Le dicta-
teur, régnant sous le nom du dernier des fils du roi Charles,
enfant de quatorze ans (car le duc de Guyenne était mort
[18 déc. 1415], et son frère, le duc de Touraine, le suivit de
peu dans la tombe), ne se maintenait que par la terreur.
Il enleva les chaînes de la ville, compléta le désarmement
de la population et fit démolir la *Grande boucherie*, en
supprimant la corporation des bouchers.

Toutefois, c'est vers la même époque qu'on publia la
*Grande ordonnance sur la juridiction du Prévôt des mar-
chands et échevins de la ville de Paris* (fév. 1416). Ce
monument, qui n'a pas moins de 700 articles, était en
préparation depuis le 27 mai 1415, et des lettres patentes
avaient commis à Jean de Manloue, conseiller au Parlement, le soin de colliger toutes les vieilles traditions et
tous les documents relatifs aux institutions municipales.
La *Grande ordonnance* a pour objet essentiel la réglemen-

tation du commerce des marchandises amenées à Paris par la voie fluviale. Inspirée par les membres de la confrérie des marchands de l'eau, elle consacre leurs privilèges séculaires, et notamment l'interdiction de trafiquer sur la Seine sans être *hansé de la marchandise*, c'est-à-dire sans avoir obtenu la permission des officiers de la Ville. L'ordonnance de février 1416 maintient au Corps de Ville le droit de nommer tous les officiers chargés de la police du commerce fluvial. Elle donne des renseignements précieux sur les *sergents de la marchandise* et du *parloir aux bourgeois*. Les quatre sergents de la marchandise touchaient des gages plus élevés que les *six sergents du parloir*, parce que les premiers devaient *chevaucher* pour aller visiter les *empêchements* qui se trouvaient sur la Seine, tandis que les seconds, outre la police des audiences du *parloir* et la vérification des poids et mesures, n'inspectaient qu'une fois par an les tavernes et logeaient à l'Hôtel de Ville.

En dépit de la confirmation de leurs franchises municipales, les Parisiens, écrasés d'impôts, pillés par les bandes de la faction dominante, qui faisaient et défaisaient à chaque instant les prévôts des marchands [1], aspiraient passionnément à la paix, dont le connétable ne voulait à aucun prix. Aussi l'entrée des Bourguignons, auxquels Perrinet le Clerc ouvrit la porte Saint-Germain dans la nuit du 29 mai 1418, fut-elle saluée comme une délivrance. Les représailles furent terribles, et les gentilshommes bourguignons luttèrent de cruauté avec les Cabochiens leurs alliés. Le 12 juin, le massacre commença au Palais. Après le connétable d'Armagnac et le chancelier, les égorgeurs précipitèrent du haut des tours du Châtelet les prisonniers qui s'y trouvaient enfermés ; au Petit-Châtelet, ils tuèrent les évêques de Senlis, de Coutances, et une foule de gens d'Église, puis continuèrent leur sinistre besogne à Saint-

---

1. Etienne de Bonpuis ne fut prévôt que cinq jours. On le remplaça par Guillaume Syrassé, « un faiseur de coffres et de bans ».

Martin des Champs, à Saint-Magloire et au Louvre. Les rues étaient encombrées de cadavres. Un historien dit qu'on tua jusqu'à cinq mille femmes. Les petits enfants s'amusèrent à traîner le corps du connétable. Quand les hommes de sang eurent fait leur œuvre, le duc de Bourgogne ramena la reine à Paris (14 juillet 1418), et le bourreau Capeluche, symbole de la mort, régna, avec Caboche pour lieutenant. Alors recommencèrent les horribles promenades dans les prisons, au Châtelet, à la Bastille. Quatre mille hommes suivaient le bourreau, auquel Jean sans Peur donna un jour la main, par mégarde; mais le contact de cette main ignoble avait troublé le noble duc. Il éloigna les amis de Capeluche en les envoyant batailler vers Montlhéry, puis le fit décapiter. Par-dessus tout cela, une épidémie épouvantable (juin à nov. 1418). A Paris, cinquante mille personnes succombèrent; une misère atroce. Les bois de Bondy et de Montmorency étaient pleins de cadavres. Des femmes de grande famille erraient presque nues....

Comme si tous les maux s'étaient conjurés contre la capitale, les Anglais étaient à ses portes. Après avoir pris Rouen, ils s'avançaient en vainqueurs, et toutes les villes ouvraient leurs portes. Un jour, c'était le 30 juillet 1419, les gardes de la porte Saint-Denis virent arriver une troupe misérable d'hommes, de femmes, d'enfants déguenillés, tête nue, l'air épuisé de fatigue. « Qui êtes-vous? » Ils répondirent en pleurant : « Nous sommes de Pontoise, qui a été, cette journée au matin, prise des Anglais... Hier, nous étions en nos maisons, aisés et manans, et aujourd'hui nous sommes comme gens d'exil, quérant notre pain... » Tous ces malheureux entrèrent dans Paris, y semant la désolation. Le roi et le duc de Bourgogne étaient à Saint-Denis avec bon nombre d'hommes d'armes; mais Jean sans Peur, qui n'avait pas secouru Rouen, laissa également Paris sans défense pour aller négocier avec le dauphin. Les amis du jeune prince ne comprirent pas que la popularité du duc ne survivrait pas à tant de honte. Ils firent de Jean sans Peur un martyr en l'assassinant au pont de Montereau (10 sept. 1419). Ce meurtre était un crime de lèse-patrie, car il jetait les Bourguignons dans les bras des Anglais et livrait le royaume à nos ennemis séculaires. (*Traité de Troyes*, 21 mai 1420.)

Le 1er décembre 1420, Henri V, roi d'Angleterre, faisait à Paris son entrée solennelle, avec le roi de France, la reine Isabeau et le duc de Bourgogne. Sous l'influence de la misère, la population avait presque perdu la notion du patriotisme, et Michelet l'appelle « peuple sans cœur ». Hélas ! il avait faim ; pour avoir du pain, il fallait assiéger les boulangers et payer *pintes et chopines* à leurs valets. Cela explique les scandaleux *Te Deum* et l'allégresse de commande qui signalèrent l'entrée de l'étranger. Reléguant le roi de France à l'hôtel de Saint-Pol, Henri V se logea au Louvre et garnit de ses soldats la Bastille, l'hôtel de Nesle et le château de Vincennes. Toute résistance était impossible. Un simulacre d'États généraux (6 déc. 1420) ratifia le traité le Troyes et mit un impôt sur les bourgeois et les gens d'Église. Ils voulurent protester, mais on les menaça de la prison. Une sombre tyrannie pesa sur les Parisiens, réduits à se nourrir « de ce que les pourceaux ne daignaient manger [1] ». Pour un mot malsonnant, Philippe de Morvillier, premier président du Parlement, faisait percer la langue du coupable ou l'envoyait au pilori. Point de commerce, nulle sécurité. Des nuées de mendiants dans les rues. Un jour, le peuple voulut s'opposer à l'arrestation du maréchal de l'Ile-Adam, qui avait osé résister au roi d'Angleterre ; mais ce commencement d'émeute fut étouffé dans le sang. Cependant, le roi anglais ne jouit pas longtemps de son triomphe. Il mourut à Vincennes, le dernier jour d'août 1422, laissant un fils au berceau. Sans doute, l'Église lui éleva un superbe catafalque, et les moines, grassement payés, ne marchandèrent pas les psaumes au conquérant ; mais quand, sept semaines

1. *Journal d'un bourgeois de Paris.*

plus tard (21 oct.), Charles VI, le malheureux roi de
France, descendit dans la tombe, la douleur populaire lui
fit de plus belles funérailles. Tout Paris vint contempler
une dernière fois à l'hôtel Saint-Pol la figure de celui
qui « en son temps fut piteux, doux et benin à son peuple ».
Les boutiques se fermèrent; on n'entendait que des san-
glots, et *le commun* de Paris criait : « Ha ! très cher prince,
jamais nous n'aurons si bon ; jamais ne te verrons; maudite
soit la mort; tu vas en repos, nous demeurons en toute
tribulation et en toute douleur... »

C'était la France qui pleurait sa destinée lamentable.
Le vent de folie qui avait passé sur le front des rois
secouait aussi les masses. Écrasés par la famine, décimés
par les supplices, ruinés par l'altération des monnaies, les
Parisiens déliraient. Ils prirent aux Anglais des divertisse-
ments bizarres, la *danse des aveugles*, la *danse macabre* ou
danse de la mort, sorte d'épilepsie tournoyante, qui empor-
tait les foules vers les tombeaux et fraternisait avec les
cadavres; on eût dit que chacun se précipitait vers le
néant, trouvant la vie trop amère. Les âmes, principale-
ment celles des femmes, s'ouvraient aux prédictions des
hallucinés et des visionnaires. A Paris, le moine Richard
provoqua des scènes extraordinaires. Après l'avoir entendu
déclamer contre les vices du siècle, et prédire qu'en l'an
trentième on verrait des merveilles, le peuple allumait de
grands feux où les hommes jetaient leurs cartes et leurs
billes à jouer, et les femmes leurs plus belles parures. Les
Anglais le chassèrent, mais, quand il partit, dix mille
hommes passèrent la nuit dans les champs pour lui faire
cortège. Jeanne d'Arc, cette femme sublime qui a sauvé
la patrie, n'est que l'immortelle personnification de l'ébran-
lement nerveux qui agitait tout un peuple. Mais, chose
étrange, dans l'immense réveil de la nation française,
Paris, tenu sous le talon des Anglais et persuadé que si le
jeune roi Charles VII rentrait dans sa capitale, il la rase-
rait, opposa à l'armée française, après la prise d'Orléans,
après la victoire de Patay, après le sacre de Reims, une

Le connétable de Richemont entre à Paris.

résistance invincible (8 sept. 1429). Le coup d'arbalète qui détruisit le prestige de la guerrière libératrice était parti des rangs de la milice bourgeoise. Après le supplice de Jeanne d'Arc à Rouen (30 mai 1431), les Parisiens, révoltés de l'insolence des Anglais, frappés des succès de l'armée nationale, dont les éclaireurs avaient poussé une pointe jusqu'à Saint-Denis, changèrent peu à peu d'attitude. Le jeune roi anglais Henri VI avait été amené à Paris le 2 décembre 1431 et sacré à Notre-Dame le 16 du même mois. Au banquet qui fut donné au Palais à cette occasion, le peuple envahit la salle du festin et fit mille insolences à la municipalité imposée. On railla aussi la lésinerie des étrangers, qui faisaient moins bien les choses que les orfèvres ou les batteurs d'or parisiens, le jour de leurs noces.

A chaque instant, des patriotes ébauchaient des complots. Les femmes elles-mêmes conspiraient. A la suite de la défaite de Bedford sous les murs de Lagny (10 août 1432), l'abbesse de Saint-Antoine fut emprisonnée avec ses nonnes, pour avoir projeté d'ouvrir une porte aux Français. Après la réconciliation du roi Charles VII et de Philippe le Bon, duc de Bourgogne, scellée par le traité d'*Arras* (21 sept. 1435), les Anglais sentaient si bien la proie leur échapper qu'ils détruisaient pour détruire. Ils envoyèrent à Pontoise une troupe d'incendiaires et firent de Saint-Denis « une ville champêtre ».

Mais comment lutter contre un grand courant national? Lorsque les Parisiens furent assurés que le roi de France leur accorderait une large amnistie, ils laissèrent entrer le connétable de Richemont et le maréchal de l'Ile-Adam par la porte Saint-Jacques (13 avril 1436). Michel Lallier, ancien trésorier de France et qui avait servi les Anglais, fut un des premiers à faire tendre les chaînes et à crier : Vive le roi de France ! Les Anglais voulurent d'abord résister et se divisèrent en trois corps, commandés, le premier par Willoughby, le second par l'évêque de Térouanne et Simon Morhier, prévôt de Paris, le troisième par Jean Larcher, lieutenant du prévôt. Mais on laissa leurs colonnes s'avancer dans des rues désertes, tandis que des fenêtres les pierres, les bûches, les meubles pleuvaient sur les étrangers. Ils durent battre en retraite et se replier sur la Bastille, où ils capitulèrent le 17, à condition d'avoir la vie sauve. Quand ils s'embarquèrent sur la Seine pour regagner Rouen, le peuple les poursuivit de ses huées et leur cria du haut des murailles : *A la queue! au renard* [1]!

Ce dénouement fit oublier à Charles VII ses légitimes griefs contre Paris. Il confirma les privilèges de l'Université, fondit le Parlement anglais qui s'était formé à Paris avec le Parlement français, qui s'était constitué à Poitiers, et autorisa les électeurs à nommer un prévôt des marchands et quatre échevins (23 juillet 1436). Ils désignèrent pour être prévôt Michel Lallier, « lequel avait été chef et conducteur des bourgeois en reboutant les Anglais ». Enfin le roi pardonna « très doucement, sans reproche et sans mal mettre eux ni leurs biens », à beaucoup de fonctionnaires et de bourgeois qui avaient été *favoureux* (favorables) aux Anglais. Le 12 novembre 1437, Charles VII se décida à ne pas retarder davantage son entrée solennelle dans la capitale, qui lui fit, rapporte la chronique, « aussi grande feste comme on pouvait faire à Dieu ». Beaucoup pleuraient de joie; c'était Jehan d'Olon, l'ancien écuyer de Jeanne d'Arc, qui tenait par la bride le cheval du monarque. Derrière lui venaient le dauphin, les princes et les seigneurs, qui disparaissaient sous le velours, les ornements d'or et d'argent. Mais le roi quitta Paris dès le 3 décembre 1438; il préférait les riants châteaux de la Loire à cette pauvre cité qui avait tant souffert et que les loups venaient visiter la nuit, tandis que les bandes de pillards dévastaient la banlieue.

Toutefois, Paris ne fut pas oublié dans la réorganisation administrative qui signala la fin du règne. Au mois de juillet 1450, le Prévôt des marchands, Jean Baillet, les

---

1. La queue de renard était l'emblème particulier de Henr V.

échevins Guillaume Nicolas, Enguerrand de Thumery, Nicolas de Louviers, Jean de Marle demandèrent au roi l'autorisation de refondre et de rédiger à nouveau les ordonnances sur les élections municipales de Paris. La municipalité s'adjoignit, pour faire ce grand travail, un certain nombre de membres du Parlement, de fonctionnaires et d'officiers municipaux, et, après avoir étudié tous les anciens registres de l'Hôtel de Ville, arrêta une rédaction définitive qui permet de préciser l'organisation savante de la prévôté des marchands au milieu du xve siècle. En résumant l'ordonnance municipale de 1450, nous compléterons ainsi le tableau d'ensemble qui a été tracé plus haut [1].

Le Prévôt des marchands est élu pour deux années consécutives, et tous les ans on remplace deux des échevins. Une date fixe, le 16 août, est assignée aux opérations électorales. Voici comment les choses se passaient. Le Bureau de la Ville commençait par mander à chaque quartinier d'assembler les cinquanteniers et dizeniers de son quartier, en appelant en outre six notables du quartier. Ce corps électoral, de premier degré, désignait ensuite quatre notables dont les noms, ainsi que ceux des cinquanteniers et dizeniers, étaient consignés dans un procès-verbal clos et scellé par le quartinier et porté par lui à la maison de Ville [2]. Alors l'assemblée des Prévôt des marchands, échevins et conseillers de Ville, en d'autres termes le Bureau de la Ville, choisissait deux des quatre notables élus pour chaque quartier. Cette élection, au troisième degré, constituait un corps électoral composé : 1º du

---

1. V. chap. I et page 38.
2. La municipalité était installée à la *place de Grève*, dans un immeuble qu'on appelait la *maison aux Piliers*, parce qu'il s'appuyait sur une suite de gros piliers. Cet édifice avait été acheté en 1357, sous la prévôté d'Étienne Marcel, à Jean d'Auxerre, receveur des gabelles de la prévôté de Paris, après avoir fait partie de l'apanage des dauphins. Agrandie en 1359, la *maison aux Piliers* abrita la municipalité parisienne jusqu'à la construction de l'Hôtel de Ville, commencée par François Ier en juillet 1533 et terminée seulement en 1628.

Prévôt des marchands et des échevins; 2° des vingt-quatre
conseillers de Ville ; 3° des quartiniers ; 4° des notables
choisis par l'administration municipale, en tout soixante-
dix-sept personnes. Réunis le lendemain de la « Notre-Dame
de my-aoust », les électeurs commençaient par prêter serment de « bien et justement faire ladite élection, au bien
du roi et de la chose publique ». Puis on allait aux voix.
Quatre scrutateurs, désignés par les électeurs, recueillaient
les suffrages. L'un des scrutateurs, pris parmi les quartiniers, tenait le chapeau, *mi-parti rouge* et *tanné*, dans
lequel chaque électeur déposait son bulletin, puis faisait la
liste. Les bulletins, soigneusement clos et scellés, étaient
ensuite portés au Roi, au Chancelier ou au Conseil du roi,
pour requérir la confirmation du scrutin et prendre le
serment des élus. Quant aux conditions d'éligibilité, elles
étaient fort simples. Les candidats devaient être bourgeois
de Paris et membres de la confrérie des marchands. Le
père et le fils, les deux frères, l'oncle et le neveu, les deux
cousins germains, soit par alliance, soit par consangui-
nité, ne pouvaient être élus ensemble ni siéger côte à côte.

Si l'on va au fond des choses, on remarque immédiatement
qu'une pareille réglementation donnait au Prévôt et aux
échevins sortants une grande influence sur la désignation
de leurs successeurs. En effet, c'était le Bureau de la Ville
qui choisissait les trente-deux électeurs parmi les soixante-
quatre élus par les quartiniers, cinquanteniers et dizeniers. En outre, les *vingt-quatre Conseillers de Ville* qui
formaient le Bureau avec le Prévôt et les échevins ne ris-
quaient pas de se mettre en opposition avec ces derniers,
puisqu'ils tenaient d'eux leur nomination. Quant aux *Quartiniers*, qui reliaient le Corps de Ville à la population tout
entière, ils paraissent, à l'origine tout au moins, avoir été
nommés par le Prévôt des marchands et les échevins, sur
la présentation des cinquanteniers et dizeniers, auxquels
s'adjoignaient les bourgeois notables du quartier. Les cinquanteniers et leurs auxiliaires avaient respectivement la
surveillance de tout ce qui se passait dans leurs circons-

criptions, et un commissaire du Châtelet fut institué par le roi dans chacun des seize quartiers pour aider le quartinier à maintenir l'ordre public.

Ainsi, à l'heure où va se fermer le moyen âge et où le territoire est délivré de l'occupation étrangère, la municipalité parisienne se trouve en possession d'une organisation régulière, et les franchises municipales, rétablies par la royauté, vont bientôt servir de point d'appui au successeur de Charles VII dans sa longue et victorieuse lutte contre l'aristocratie féodale.

CHAPITRE IV

LA SAINT-BARTHÉLEMY

Dans la seconde moitié du xvᵉ siècle et la première moitié du xvıᵉ, les franchises municipales subirent des fortunes diverses. Elles ressemblent un peu à la statue d'or aux pieds d'argile. Chaque roi les restaure à son avènement, sauf à les ébranler l'année suivante.

Louis XI, dans une ordonnance du mois de septembre 1461, récapitule et reproduit toutes les lettres patentes accordées à la Ville de Paris par le roi de France, depuis Louis le Gros jusqu'à Charles VII, et il confirme solennellement les privilèges de la Ville de Paris « afin que ce soit chose ferme et stable à toujours ». Un peu plus tard, après la paix de Saint-Maur (29 oct. 1465), le même roi exempta les officiers municipaux de tout impôt durant l'exercice de leurs fonctions et dispensa les bourgeois de l'obligation de loger les gens de guerre « si bon ne leur semble ». Il réorganisa la milice municipale, donna à chaque métier une bannière et mit aux ordres du *Prévôt des marchands* une véritable armée qu'encadraient les quartiniers, cinquanteniers et dizeniers. Le 14 septembre 1467, la milice fit défiler devant le souverain « soixante à quatrevingt mille têtes armées ». Enfin tous les privilèges de la *marchandise de l'eau* furent confirmés par lettres patentes de septembre 1474; mais le Corps de Ville n'était pas en mesure de contrarier sérieusement la politique royale, car le maître faisait toujours sentir sa main dans les élections municipales. Henri de Sèvres, son protégé, resta douze ans prévôt des marchands ; le roi *recommanda*, pour remplir les mêmes fonctions, tantôt Denis Hesselin, son panetier, tantôt Guillaume Lecomte, son grenetier. De plus, il vérifiait lui-même les résultats du scrutin avant de le publier, et, quand les élus lui déplaisaient, il maintenait en charge les magistrats sortants. Aussi la mort du sombre artisan de la centralisation monarchique fut-elle accueillie par les Parisiens avec une sorte de joie.

Sous Charles VIII, la capitale ne partagea pas les rêves ambitieux de la cour et réagit contre les aventures lointaines, qui coûtèrent à la France tant de sang et de déceptions. Lorsque la couronne fut passée à la branche des Valois-Orléans (7 avril 1498), Paris accueillit Louis XII avec d'autant plus d'enthousiasme que le nouveau roi venait d'accorder à la première ville du royaume une forte diminution des *tailles*, à titre de don de joyeux avènement. Toutefois, si le *Père du Peuple* resta pendant tout son règne plein d'égards pour le Corps de Ville, il laissa le Parlement condamner sévèrement le Prévôt des marchands et les membres du Bureau de Ville, après l'écroulement du pont Notre-Dame (25 oct. 1499); il fit de fréquents appels au crédit de la Ville et plaça la municipalité sous le contrôle de commissaires nommés par le Parlement et qui désignaient les notables appelés à compléter les assemblées électorales. Avec des formes adoucies, la candidature officielle subsistait en permanence.

François Ier, « le gros garçon qui gâtera tout », comme disait son prédécesseur, éblouit Paris de son faste et lui demanda des sommes énormes pour défrayer ses expéditions aventureuses. L'Hôtel de Ville n'est plus guère admis qu'à solder les folies royales, et il s'épuise à défendre la caisse municipale contre un roi qui n'écoutait pas volontiers les remontrances. C'est sous le règne du vainqueur de Marignan, le 22 septembre 1522, qu'eut lieu la première émission des « rentes sur l'Hôtel de Ville », ainsi appelées parce qu'on en payait les arrérages à la maison commune.

A la suite de la défaite de Pavie (24 février 1525), les Parisiens prêtèrent à la régente Louise de Savoie le concours le plus patriotique et consentirent même, non sans hésitation, il est vrai, à garantir la dette du roi prisonnier. Après sa délivrance, ils donnèrent encore 150 000 livres pour la rançon des enfants de France, et, quand la guerre recommença avec Charles-Quint, Paris devint l'arsenal et le banquier du royaume. La royauté lui coûtait cher. La capitale gagna, du reste, quelque chose aux prodigalités d'un prince qui n'était pas seulement un roi guerrier, mais encore un roi bâtisseur et artiste. C'est en 1533 que fut posée la première pierre du nouvel Hôtel de Ville, qui remplaça la vieille Maison aux Piliers d'Étienne Marcel. L'architecte fut Dominico de Cortone, l'un des Italiens que le roi avait fait venir en France. En 1541, trois corps de bâtiment étaient achevés ; bien des années devaient d'ailleurs s'écouler avant le complet achèvement du palais municipal. Un édit de novembre 1539 prescrivit de « tenir la ville de Paris nette et bien pavée ». Un autre réorganisa le *guet* de la ville, c'est-à-dire le corps chargé d'assurer la police municipale. Le *guet* comprenait le *guet royal*, confié aux officiers du roi, et le *guet assis* ou *guet dormant*, confié aux gens des métiers. Beaucoup d'autres mesures utiles consacrèrent de grands progrès dans l'ordre administratif ; mais François Ier ne respectait guère les privilèges essentiels des Parisiens, notamment leur droit d'élire tous les deux ans un nouveau Prévôt des marchands. C'est ainsi qu'en août 1536 le roi écrivit à la Ville de *continuer* Jehan Tronson, le prévôt sortant, pour deux années nouvelles, et la municipalité dut céder, malgré les protestations des meilleurs citoyens, Christophe de Thou, par exemple. Sous le même règne, l'usage s'introduisit d'admettre les substitutions de parents à parents dans la possession des charges municipales. De là devaient sortir plus tard la *vénalité* de ces charges et leur hérédité, au mépris du droit des électeurs. En même temps, les officiers municipaux, obéissant à des vues intéressées, s'allouaient des avantages pécuniaires : des jetons de présence, des bougies, des épices, du vin, des *lunettes*, et même des indemnités en argent. Un texte nous apprend qu'en 1532 les conseillers de ville touchaient une pension de « cent solz tournois ». Malgré tout, à la mort de François Ier, le municipe parisien avait maintenu et sauvegardé ses traditions d'indépendance, la forte hiérarchie de ses officiers, le prestige de son intégrité administrative, et il était toujours capable d'exercer sur le peuple une puissante influence.

Henri II parut tout d'abord disposé à rompre avec la doctrine du pouvoir absolu, dont son père avait fait le fond de sa politique intérieure. Il diminua les impôts et adressa à la municipalité cette harangue bienveillante, quoique laconique : « Vous, soyez les bienvenus. Je vous sais bon gré. Vous avez perdu un bon roi. J'espère, avec la grâce de Dieu, que vous en aurez un bon qui vous traitera bien humainement. Vous, soyez les très bienvenus. » Mais, après les premières heures d'illusion qui signalent presque toujours l'avènement des rois, la Ville ne tarda pas à se convaincre que les principes du gouvernement n'étaient pas changés. Il fallut d'abord réagir contre les innovations financières des Guise et des Montmorency, secondés par Diane de Poitiers, et notamment contre le projet de fonder une banque royale à Paris. Les magistrats municipaux, consultés sur ce projet, le trouvèrent « immoral et contraire aux commandements de Dieu et de l'Église », parce que cette banque servirait d'instrument aux artisans de monopoles qui ruineraient les particuliers et se saisiraient de « tout négoce ». La délibération municipale conclut par cette belle maxime : « L'utilité ne peut être séparée de l'honnêteté ». Contrecarrés dans leurs vues de spéculation, les conseillers de la couronne en revinrent au procédé ordinaire : les appels directs à l'épargne des bons bourgeois. Les demandes de subsides deviennent bientôt si fréquentes que la caisse municipale semble se confondre avec le trésor public. Dans la seule année 1557, la Ville fut mise en demeure de fournir au roi, d'abord 300 000 livres, puis

36 000, enfin 300 000. En 1558, après la prise de Calais par le
duc de Guise, il faut encore verser la solde de 50 000 hommes
de pied entre les mains du receveur général des finances. La
cour imaginait, d'ailleurs, des expédients variés pour se procurer des ressources : tantôt elle altérait la valeur nominale
des monnaies « doucement et sans bruit », comme disent
des lettres patentes de 1555 ; tantôt elle oblige les bourgeois possédant de la vaisselle d'argent, à la porter à la
Chambre des Comptes pour la faire *estimer, forger et battre
en monnoye* (1554) ; tantôt elle interdit aux notaires de
passer aucun contrat de prêt aux particuliers jusqu'à ce que
le roi eût trouvé à emprunter lui-même. (*Ord.* du 19 janvier 1553.) Des sommes immenses étaient dépensées en
fêtes, en festins pour l'entrée du roi (16 juin 1549), pour
celle de la reine Catherine (18 juin), pour célébrer la prise
de Calais ; puis, à l'occasion du mariage d'Écosse, c'est-à-
dire de l'union du dauphin François avec la jeune reine
d'Écosse, Marie Stuart (24 avril 1558).

Henri II respectait-il au moins l'indépendance des électeurs municipaux et les vieilles formes traditionnelles ? De
temps à autre, il manifestait des intentions libérales. C'est
ainsi qu'en août 1554, quelques jours avant l'époque ordinaire des élections, le roi écrivait en ces termes au Corps
de Ville : « Très chers et bien aimés, ayant sçu que le temps
approche auquel vous devez procéder à l'érection et création du Prévôt des marchands de notre bonne ville de
Paris, nous avons bien voulu vous faire ce mot de lettre
pour vous advertir que notre intention est que vous gar-
diez l'ordre et la forme qui s'est toujours gardé et continué de bonne et louable coutume..... A cette fin, remet-
tant à vous ladite création et élection, ainsi qu'elle vous
est attribuée et permise par les statuts et ordonnances de
notre Ville, *car tel est notre plaisir.* » Mais que le bon
plaisir change par l'effet d'un simple caprice, et voilà la
liberté des élections qui devient illusoire, malgré les chartes
et les parchemins. Aux élections d'août 1557, par exemple, après des élections très régulières pour le remplace-

ment des deux échevins sortants, le roi refusa de sanctionner l'élection de Pierre Croquet, qui venait le second dans l'ordre des suffrages, et, *de sa puissance absolue*, lui substitua un candidat qui avait eu moins de voix. Enfin la multiplication des offices municipaux, vendus à beaux deniers par le prince, souleva maintes fois l'indignation publique. Nous nous bornerons à citer la création d'un capitaine général des archers, arbalétriers et hacquebutiers de la Ville (sept. 1550), et celle d'un *général des deniers communs de la Ville* (1555). Il est vrai que quand l'Hôtel de Ville protestait trop énergiquement, le roi supprimait le nouvel office moyennant finance. Ainsi, avec des formes peut-être moins hautaines que sous le règne précédent, la monarchie n'avait pas cessé de considérer la prévôté des marchands comme une sorte de banque royale; et, suivant le plus ou moins de dispositions des magistrats de la cité à fournir des subsides au trésor royal, les franchises municipales étaient plus ou moins respectées.

Le frêle et maladif François II ne fit que passer sur le trône (29 juin 1559-5 déc. 1560), et les Guises, qui dirigeaient son gouvernement, se trouvèrent tellement absorbés par le grand duel des catholiques et des protestants et par les rêves d'une insatiable ambition qu'ils n'eurent guère le loisir de menacer l'Hôtel de Ville. Tandis que de grands événements s'accomplissaient en province, on donnait comme divertissement aux Parisiens le supplice du conseiller Anne Du Bourg (23 déc. 1559), ce qui fut le prélude de trente-cinq ans de guerres religieuses; on développait le fanatisme des masses en plaçant à tous les coins de rue des images de saints ou de petites vierges couronnées de fleurs, entourées de cierges, devant lesquelles, écrit l'historien de Thou, « des valets, des portefaix, des porteurs d'eau et d'autres gens de la lie du peuple s'assemblaient pour chanter des cantiques, d'une manière jusque-là inouïe, au mépris de la discipline de l'Église ». Les passants qui refusaient de saluer et de verser leur obole pour l'entretien des lumières étaient roués de coups et traînés en prison. Le 26 août 1560, le roi signa un édit pour convoquer les États généraux. Ils devaient se réunir le 10 décembre, et pas un des députés parisiens n'était encore arrivé à Orléans, lieu désigné pour la réunion des États, quand François II rendit le dernier soupir (5 déc. 1560).

Au moment où il succéda à son frère, Charles IX avait dix ans et demi, et la reine mère, Catherine de Médicis, gouverna sous son nom. Le 1er août 1561, les députés des treize gouvernements de France se réunirent à Pontoise. Les cahiers du tiers état témoignent d'une grande irritation contre le clergé et réclament hautement la vente « de tout le temporel des gens d'Église ». Le clergé, pour éviter une mesure aussi radicale, dut voter un subside de 17 millions, payable en dix ans, mais, à partir de ce moment, il usa de son influence pour précipiter la France dans l'abîme des guerres religieuses. Le massacre de Vassy (1er mars 1562) en donna le signal. Dès lors, tout se mêle et se confond dans ce lamentable conflit des huguenots et des catholiques. Les franchises municipales sont à la merci des caprices de la cour et des injonctions hypocrites de la reine mère. Aux élections de 1563, le roi prescrit de maintenir en charge les échevins sortants, Marcel et Ladvocat. L'année suivante, Catherine ordonne de faire une liste double des candidats aux fonctions municipales, afin que la cour pût choisir ceux d'entre eux qui lui plairaient le mieux. On ne pouvait discuter les ordres impératifs que le maréchal de Montmorency, gouverneur de Paris, transmettait à l'Hôtel de Ville avec une brutalité qui doublait l'injure faite aux traditions. En août 1564, les magistrats sortants protestèrent hautement, et l'échevin Marcel, qui avait encore un an à faire, donna sa démission. Mais le maréchal lui commanda, *de par le roi*, de reprendre ses clefs, et Charles IX fit recevoir par son maître d'hôtel les lettres de remontrances que la municipalité lui avait envoyées en Provence. Dans les élections qui suivirent, l'intervention officielle ne fut pas moins tyrannique. On alla même jusqu'à nommer d'office des conseillers de ville (1570). Au reste, la pression exercée sur les électeurs parisiens n'était pas l'indice d'une défiance particulière, car Charles IX, par lettres patentes du 14 juillet 1564, avait supprimé les franchises municipales sur toute l'étendue du territoire, en s'attribuant la nomination des administrateurs de toutes les villes pourvues d'un évêché, d'un parlement ou d'un siège présidial.

Ainsi la monarchie cherchait à placer tous les pouvoirs sous sa main pour ne rencontrer aucune résistance dans la croisade qu'elle allait entreprendre contre les protestants. Les masses populaires ne répondaient, hélas! qu'avec trop d'empressement aux excitations des fanatiques. De toutes parts, on se dispose à se jeter sur la proie humaine. A Carcassonne, au Mans, à Cahors, à Dijon, les massacres ont commencé. Tout d'abord, la cour paraît vouloir contenir cette rage homicide qui a gagné les Parisiens. Un édit du 28 octobre 1561 leur a prescrit d'apporter leurs armes à l'Hôtel de Ville; au mois de décembre de la même année, le Conseil du roi fait arrêter un moine qui se signalait par des prédications furibondes; mais la municipalité demande son élargissement et le fait reconduire en triomphe au pied de sa chaire. Quelques journées plus tard a lieu la sanglante mêlée de Saint-Médard, organisée par les moines de Sainte-Geneviève et de Saint-Victor (27 déc.). Les archers du Prévôt ont voulu rétablir l'ordre; le Parlement leur en fait un crime et livre aux enfants de la rue deux de leurs capitaines, qui sont mis en pièces.

Après Vassy, Paris veut avoir une armée prête aux sinistres besognes. Au commencement de mars 1562, l'organisation de la milice se complète par la nomination d'un capitaine « en chacun quartier »; plus tard, en 1568, il y aura même seize colonels qui remplaceront les quartiniers dans le commandement militaire des forces municipales. Les bourgeois suspects d'hérésie sont mis en demeure d'abjurer ou de quitter la capitale. On fait signer aux fonctionnaires dépendant de l'Hôtel de Ville une sorte de catéchisme qui résume les points essentiels de la religion officielle (23 juillet 1562). Tous les biens des huguenots sont frappés de confiscation. Le Parlement rend des arrêts qui ont le caractère de véritables appels aux armes. Il n'y a plus de justice : on a lâché la *grande levrière* [1]. Soixante personnes furent massacrées ou noyées pour expier la profanation de l'église Saint-Médard. Comment exiger du peuple quelques sentiments de pitié quand les prélats eux-mêmes traînent dans le sang leurs robes rouges ? L'évêque du Mans, Charles d'Angennes, fait mettre à mort deux cents personnes, dont plusieurs femmes. A Tours, la foule déchaînée jette à l'eau cent vingt prisonniers et promène au bout d'une pique le cœur du président du présidial. A Paris, la milice municipale est sur pied de guerre : les capitaines de nouvelle création, les cinquantainiers et les dizeniers se multiplient, faisant le guet, fouillant les hôtelleries, confisquant les armes, arrêtant les suspects. On ne voit que des patrouilles qui battent le pavé, de jour et de nuit. Les bourgeois paisibles sont terrifiés, et le président Le Maistre meurt de peur en apprenant que les protestants de Coligny et de Condé menacent les faubourgs (fin nov. 1562).

Pour comble de malheur, une épidémie terrible sévit sur la capitale, et l'Hôtel-Dieu vomit les morts par toutes les portes. Des paniques étranges troublent les esprits. Le 28 janvier 1563, un bruit formidable terrifie la population : c'est la *grange aux poudres* de l'Arsenal qui vient de sauter : il y avait trente morts et trente-deux blessés; trente-cinq maisons s'étaient écroulées; tous les vitraux des églises et des édifices voisins sont brisés. La porte de la Bastille vole en éclats et il faut la faire murer. Qui accuse-t-on? Les protestants seuls. On tue pour un mot. « S'est tué, dit une relation du temps, trois personnes, dont deux hommes et une femme, qui étaient connus pour être factieux de la nouvelle religion et tenaient quelques propos scandaleux. » Le 10 février, « fut pendu et étranglé, puis après brûlé, en

---

1. Les chefs catholiques appelaient ainsi la grande armée des égorgeurs volontaires.

la place de Grève, un nommé le capitaine Jehan Bouquier, pour avoir porté les armes contre le roi et soutenu la nouvelle opinion ». Tant de désordre finit par émouvoir la cour, et Catherine se décida à blâmer « la licence dont use *la Commune* de Paris ». Mais qu'importe aux Parisiens : ils attendent la chute prochaine d'Orléans et le triomphe du grand Guise, le chef du parti catholique. Déjà l'on prépare des arcs de triomphe, quand soudain arrive cette terrible nouvelle : le conquérant de Calais, le vainqueur de Dreux, n'est plus. Le coup de pistolet de Poltrot de Méré a frappé Paris au cœur, et telle est la violence de la douleur publique que la cour prend peur et offre la paix à Condé. (*Paix et édit d'Amboise*, 19 mars 1563.) Cet édit, le Parlement le reçut « en robes noires » pour marquer son indignation, et le peuple protesta à sa manière en massacrant vingt huguenots que l'on conduisait en prison. Pour rétablir l'ordre, il faut élever des potences sur les principales places de Paris, avec ces mots : Pour les séditieux. Quelques gentilshommes ne craignent pas d'entrer en lutte avec les passions intolérantes de la rue. Le maréchal de Montmorency, gouverneur de Paris et fils aîné du connétable, n'avait pas pleuré le duc de Guise, son ennemi, et, quand le cardinal de Lorraine, au début de l'année 1565, voulut entrer à Paris avec ses gardes pour montrer aux Parisiens le fils aîné du feu duc, l'énergique gouverneur barra le passage au Lorrain et dispersa ses gens en pleine rue Saint-Denis. Une pareille audace était incroyable, et cependant le peuple « n'osa remuer si sonner le moindre mot ». Coligny lui-même put sans danger pénétrer dans la capitale et faire visite au Parlement (22 janvier 1565). Il est vrai qu'il ne resta guère à Paris.

C'est à peine si le chancelier de l'Hôpital réussit à établir une courte trêve. Endoctrinée par le duc d'Albe, le terrible lieutenant du roi d'Espagne Philippe II, Catherine médite de sinistres projets. Elle lève 6 000 Suisses sous de faux prétextes et fait emprunts sur emprunts pour entrer en campagne. Enfin les masques tombent, et les protestants poussent droit sur Paris. La cour éperdue quitte Meaux, et Charles IX, que les cavaliers de Condé ont failli enlever, rentre, le 29 septembre 1567, harassé et furieux, dans sa capitale, tandis que les huguenots brûlent les moulins à vent aux portes de la grande ville et campent à Saint-Ouen. Terrifiés, les Parisiens font un grand emprunt et donnent 400000 livres au roi pour les défendre ; la milice municipale fait entrer plus de 4000 soldats dans ses rangs afin de se donner les apparences d'une troupe régulière. Cependant tous les passages de la Seine et de la Marne étaient aux mains des religionnaires, et la population, indignée de « voir une mouche assiéger un éléphant », accablait le vieux connétable d'outrages et de quolibets. Il perdit patience et ordonna une grande sortie, en s'écriant : « Ce jour me justifiera et contre les reproches de mes ennemis et contre la haine du peuple : car ou il me verra en vie et triomphant ou il pleurera ma mort [1] ». La bataille indécise de *Saint-Denis* (10 nov. 1567) n'eut rien de glorieux pour la milice parisienne, qui lâcha pied devant Coligny. Paris fit du moins de belles funérailles au connétable, qui avait tenu sa parole et, ne pouvant vaincre, s'était fait tuer. Après la paix de *Longjumeau* (23 mars 1568), qui délivra la capitale d'un dangereux voisinage, les Parisiens reprirent haleine un moment ; mais cette paix *boiteuse et mal assise* ne pouvait durer. Bientôt Michel de l'Hôpital rend les sceaux et s'efface devant les fanatiques (7 oct.). C'est au loin, dans la Saintonge, l'Angoumois, le Périgord, la Guyenne, le Dauphiné, que retentit le bruit des armes. Condé tombe (13 mars 1569), assassiné sur le champ de bataille de *Jarnac*, mais Coligny restait debout. Paris, qu'il a fait trembler maintes fois, le condamne à mort par arrêt du Parlement (13 sept.) et promet 50 000 écus d'or à qui le livrera vivant. La doctrine de l'assassinat s'épanouit au grand soleil. Rome et Madrid applaudissent. Cependant

---

1. Un mot presque semblable a été prononcé par un général français, lors du siège de Paris par les Allemands en 1870-71.

rien ne pouvait abattre la ténacité des protestants et de leur chef. Vaincus encore à *Moncontour* (3 oct.), ils se reforment avec une rapidité extraordinaire et reparaissent sur la Loire, menaçant toujours la capitale. Alors Catherine revient à ses ruses et traite encore avec Coligny. (*Paix de Saint-Germain*, 8 août 1570.)

Charles IX va-t-il enfin ouvrir les yeux et mettre un terme aux luttes fratricides? Le patriotisme et la parole grave de l'amiral paraissent un instant l'émouvoir. Déjà il négocie avec les protestants d'Allemagne, parle de marier le duc d'Anjou à la reine Élisabeth d'Angleterre et songe à enlever les Pays-Bas aux mains sanglantes du duc d'Albe. L'influence de Coligny semble grandir tous les jours, au point qu'il obtient la destruction de la pyramide de la *Croix Gastine*. C'était un monument élevé naguère à la place de la maison d'un bourgeois protestant, nommé Philippe Gastine, qui avait été condamné à mort et exécuté, ainsi que son frère Richard et son beau-frère, Nicolas Croquet, pour avoir fait célébrer la cène dans son domicile et tenu des assemblées d'hérétiques. L'Hôtel de Ville, forcé d'exécuter les ordres du roi, organisa ou laissa organiser une émeute. Cinq ou six cents hommes dispersèrent les ouvriers et blessèrent plusieurs officiers des archers (8 déc. 1571). Le lendemain, l'agitation augmente. La populace pille la maison de « la dame du *Marteau d'or*, assise sur le pont Notre-Dame », et tend les chaînes dans la rue Saint-Denis. C'était déjà un essai de rébellion. Après avoir attisé le feu, les magistrats municipaux s'effrayèrent de la colère probable du roi, qui se trouvait alors à Amboise. Et, en effet, à la première nouvelle de ces désordres, Charles IX adressa une lettre très dure à la Ville. Il fallut plier, et la colonne fut abattue dans la soirée du 19 décembre 1571. Mais, les jours suivants, il y eut encore de sérieux désordres, des pillages et des incendies; le Prévôt de Paris fut insulté, et l'on crut un moment que l'Hôtel de Ville allait subir un siège. Ce grave incident attestait clairement les dispositions du peuple, et Charles IX ne pouvait s'y tromper, mais il entrait peut-être dans les desseins de sa ténébreuse politique de donner le change aux protestants. On peut supposer aussi que, avant de prendre des résolutions extrêmes, il éprouva de sincères angoisses. Après l'affaire de la Croix Gastine, c'est-à-dire à la fin de l'année 1571, Catherine et le duc d'Anjou affectèrent un grand abattement, les Guises quittèrent Paris, et Sainte-Foix, le prédicateur de la cour, furieux de la modération du roi, allait jusqu'à donner au duc d'Anjou « espérance de la primogéniture, comme Jacob l'avait eue sur son aîné Esaü ». Cependant, dès les premiers mois de 1572, la préméditation d'un massacre des protestants existait à coup sûr dans l'âme violente du roi. Les dépêches des envoyés du duc de Florence, récemment publiées, l'attestent d'une manière irrécusable.

On ne peut donc que flétrir la dissimulation du prince qui, le 2 mai 1572, adressait encore à la Ville de Paris des lettres qu'aurait pu signer un apôtre de la tolérance. « Nous n'avons rien de plus à cœur, disait Charles IX, que de voir nos sujets en toute bonne société et amitié les uns avec les autres, comme frères et bons concitoyens, sans retenir aucune mémoire des injures passées. » Les actes allaient se charger de démentir odieusement ces paroles de paix.

A moins de se faire protestant, le roi de France ne pouvait donner plus de gages aux réformés. Le 11 avril 1572, il avait signé le *traité de mariage* entre sa sœur Marguerite et le roi de Navarre. Quelques jours plus tard, il devenait allié de la reine d'Angleterre, Elisabeth. Malgré la mort subite de Jeanne d'Albret, mère du roi de Navarre (9 juin), Coligny arriva à Paris, répondant à l'appel du roi. En vain ses amis veulent le mettre en garde. « J'aime mieux, dit-il, être traîné par les rues de Paris que de recommencer la guerre civile. » Henri de Navarre entre à son tour dans la capitale (le 8 juillet); c'est le Prévôt des marchands, Marcel, qui lui souhaite la bienvenue et lui offre « tous les biens de la Ville, tant en général qu'en particulier, pour en disposer à sa volonté ». Henri répond en remerciant « de la bonne réception que les Parisiens ont faicte à la feue reine sa

mère » et en promettant ses bons offices au Corps de Ville.
Or, Marcel était un fougueux catholique que les libelles
huguenots accusent d'avoir empoisonné Jeanne d'Albret au
moyen de confitures sèches qui avaient été servies à la
reine de Navarre dans la maison même du prévôt. Ces
paroles de bienvenue s'entre-choquent déjà comme des
épées.

Mais les événements se pressent. Au commencement
d'août, les Guises estiment qu'il est temps pour eux de
rentrer dans la capitale. Ils accourent, traînant à leur
suite une troupe de gentilshommes et de sbires. L'un d'eux,
Fervaques, avait enrôlé jusqu'à vingt-cinq ou trente aventuriers « pour faire quelque bonne entreprise ». Tous les
couvents, les riches cloîtres de Notre-Dame et de Saint-
Germain l'Auxerrois, hébergent et cachent les égorgeurs.
Charles IX est si pressé de conclure le mariage de sa sœur,
qui doit servir d'amorce et attirer la proie, qu'il n'attend
pas la dispense demandée à Rome. Le 17 août, ont lieu les
fiançailles au Louvre et, le 18, la belle Marguerite est
mariée par le cardinal de Bourbon dans l'église Notre-Dame.
Puis, pendant trois jours, c'est une succession de fêtes et
de festins. Coligny est toujours le grand favori, « ayant le
visage du roi à l'accoutumé ».

Le 22 août, l'amiral venait de quitter Charles IX, et il
revenait chez lui à pas lents, quand le spadassin Maurevert,
aux gages du duc de Guise, et qui se tenait caché depuis
quelques jours dans une maison du cloître Saint-Germain
l'Auxerrois, lui tira un coup d'arquebuse : l'amiral fut
atteint au bras gauche et à la main droite. Les gentilshommes qui accompagnaient Coligny enfoncèrent la porte
de la maison d'où était parti le coup de feu, mais ils ne
trouvèrent plus l'assassin. Il s'était enfui par une issue
dérobée et, sautant sur un cheval préparé d'avance, avait
gagné la porte Saint-Antoine. Charles IX, Catherine elle-
même affectèrent une vive indignation. Dans la visite qu'il
fit au blessé, le roi lui dit : « La blessure est pour vous, la
douleur est pour moi ». Aussitôt la municipalité est pré-

venue de l'attentat, et le Prévôt des marchands, « afin d'obvier aux inconvénients qui, pour cette occasion, pouvaient advenir en la Ville », envoie des *mandements* [1] aux quartiniers et aux capitaines, fait garnir les postes, réunit les archers, prescrit d'occuper les positions stratégiques avec un singulier mystère.

Le 23, « après dîner », les résolutions de la cour furent définitivement arrêtées aux Tuileries, dans un grand conseil auquel assistèrent le roi, sa mère, les ducs d'Anjou et de Nevers, le maréchal de Tavannes, le chancelier de Birague et le comte de Retz. Coligny avait échappé aux coups de Maurevert; si on le laissait sortir de Paris, il exterminerait ses ennemis, « semblable à un lion échappé de sa cage ». Il fallait en finir avec les protestants et les livrer aux Guises, qui pouvaient compter sur le fanatique concours de la population parisienne. Tels étaient les arguments mis en avant par les conseillers de la couronne. Catherine était convaincue d'avance, et Charles IX, sombre et farouche, se laissa arracher le blanc-seing dont la cour allait faire un si épouvantable usage. Les rôles sont distribués. Qui tuera-t-on et qui tuera? Tous les huguenots mourront, sauf le roi de Navarre, les Montmorency et le prince de Condé. Coligny, la grande victime, est réservée au duc de Guise. Quant aux Parisiens, rien ne fut négligé pour développer leur fanatisme. Le duc d'Anjou et le bâtard d'Angoulême allèrent eux-mêmes, sur les quatre heures, semer le bruit que le maréchal de Montmorency allait faire entrer à Paris une armée protestante. De son côté, le duc de Guise consacra la soirée à haranguer les capitaines des Suisses catholiques et les colonels des troupes françaises. Il fit venir aussi Marcel, l'ancien Prévôt des marchands, et le chargea de communiquer aux bourgeois l'ordre de prendre les armes pour exterminer les hérétiques. Le duc ajouta que le tocsin donnerait le signal du massacre, que la croix blanche serait le signe de ralliement; il prescrivit enfin de

---

1. On appelait ainsi les ordres du Bureau de la Ville.

faire mettre des flambeaux à toutes les fenêtres, pour qu'aucune proie humaine ne pût s'échapper.

C'était l'ancien Prévôt que les organisateurs du massacre avaient choisi pour confident et pour intermédiaire, parce qu'il était fort populaire et que la reine mère avait pour lui une affection spéciale; mais on ne crut pas pouvoir se passer du Prévôt des marchands en exercice, Jean Le Charron, président à la Cour des Aides. Il fut mandé avec quelques notables « par le roi, étant en son château du Louvre, au soir, bien tard ». Terrifiés des instructions que leur donnait Charles IX en personne, le magistrat et ses collègues « firent de grandes difficultés et y apportèrent de la conscience : mais M. de Tavannes, devant le roy, les rabroua si fort, les injuria et menaça que, s'ils ne s'y employaient, le roi les ferait tous pendre, et le dit au roy de les en menacer ». Les pauvres diables, ne pouvant faire autre chose, répondirent alors : « Hé! le prenez-vous là, sire, et vous, monsieur; nous vous jurons que vous en aurez des nouvelles, car nous y mènerons si bien les mains qu'il en sera mémoire à jamais de la fête de la Saint-Barthélemy très bien chômée [1] ». Aussitôt la milice fut mise sur pied, ainsi que les trois compagnies d'*archers, pistoliers* et *arquebusiers* de la Ville. Les *passeurs d'eau* eurent ordre de ne laisser personne traverser la Seine, et un poste fut placé à la tour de Nesle. Toutes les forces municipales se massèrent sur la place de Grève, devant l'Hôtel de Ville, et attendirent le signal. Il fut donné par la cloche de Saint-Germain l'Auxerrois, après une dernière conférence tenue au Louvre, vers minuit, entre Catherine et le roi...

Alors commença l'effroyable carnage. Coligny mourut le premier. Un Allemand, nommé Besme, pénétra dans la chambre de l'amiral et l'abattit d'un coup d'épieu; puis il le jeta dans la cour, où attendaient le duc de Guise et le bâtard d'Angoulême. Ils frappèrent du pied le cadavre, puis l'abandonnèrent à la populace. Une foule de miséra-

---

1. Brantôme, *Vie de M. de Tavannes.*

bles, avertis par la cloche du palais, se précipitèrent sur les restes de Coligny, les mirent en pièces et traînèrent le tronc jusqu'à la Seine. Là, des enfants voulurent le jeter à l'eau, mais d'autres égorgeurs s'en saisirent et allèrent l'accrocher au gibet de Montfaucon, à demi fumé comme un porc. On dit que la tête fut coupée par un Italien, domestique du duc de Nevers, et portée à Rome. Partout les bourreaux font leur œuvre; les chambres et les cours des maisons sont pleines de cadavres. Le Louvre même n'était pas un lieu d'asile dans cette nuit terrible. On peut lire, dans les *Mémoires de la reine de Navarre*, le piquant récit des émotions par lesquelles passa Marguerite. Un gentilhomme huguenot, M. de Tejan, blessé, couvert de sang, poursuivi par les soldats catholiques jusque dans la chambre de la reine de Navarre au Louvre, se jeta dans son lit, « la tenant à travers le corps ». Marguerite s'évanouit et, dès qu'elle fut revenue à elle, alla se jeter aux pieds du roi pour demander la grâce des huguenots qui avaient imploré son assistance. Quant aux dames de la cour, elles prenaient plaisir à considérer les cadavres qu'on venait jeter devant le roi et sa mère... Ce beau monde venait là comme à une fête.

Avec le jour « tout se croise, tout s'esmeut, tout s'excite et cherche colère; le sang et la mort courent les rues [1] ». Une certaine méthode s'introduit même dans le massacre. « Les commissaires, capitaines, quartiniers et dizeniers allaient avec leurs gens de maison en maison, là où ils pensaient trouver des huguenots, enfonçant les portes, puis massacrant cruellement ceux qu'ils rencontraient, sans avoir égard au sexe ou à l'âge, étant induits et animés à ce faire par les ducs d'Aumale, de Guise et de Nevers, qui allaient criant par les rues : « Tuez! tuez tout! le roi le commande [2]. » « Saignez! saignez! s'écriait de son côté le maréchal de Tavannes. Les médecins disent que la saignée est

1. *Mémoires de Tavannes.*
2. *Mém. de l'état de la France sous Charles IX.*

Mort de Coligny.

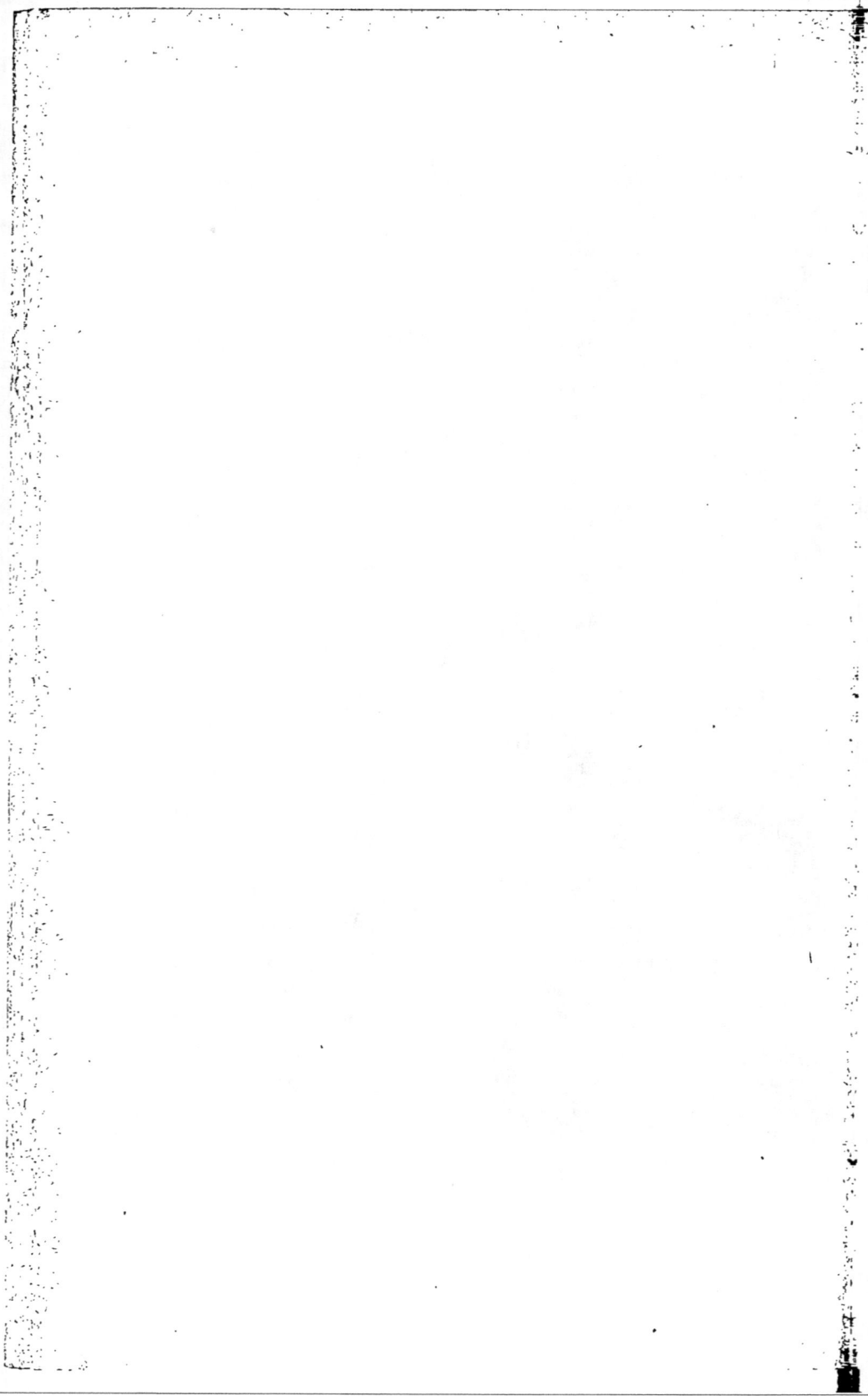

aussi bonne en tout ce mois d'août comme en mai. » Chacun profitait des circonstances pour tuer, qui son créancier, qui son rival ; beaucoup d'artisans ruinés se refirent une fortune par le pillage. Il y eut des scènes épouvantables. Madeleine de Longueil d'Yverny, nièce du cardinal Briçonnet, avait été jetée à l'eau à demi morte ; des misérables la firent lentement couler à coups de croc. L'orfèvre Crucé montrait son bras avec orgueil, disant qu'il avait égorgé plus de 400 hommes. Quand on fut las de tuer, on songea à se garnir les mains ; les gardes du duc d'Anjou s'occupaient surtout de voler « les perles des étrangers ». A la saignée succédait le vol avec effraction. « Le sang s'étanche, le sac s'augmente », dit une relation.

Malgré l'ardeur de ses sentiments catholiques, la milice municipale commençait à s'indigner de tant d'horreurs. Déjà elle avait refusé d'envoyer 1000 hommes au duc de Guise pour cerner et tuer les protestants du faubourg Saint-Germain : aussi ceux-là purent-ils s'échapper. 2000 personnes, d'après de Thou, 10 000 d'après les historiens protestants, avaient succombé à Paris. Le 24, sur les 11 heures du matin, le Prévôt des marchands alla trouver le roi et le pria d'arrêter le carnage. Charles IX, dont la rage sanguinaire s'était apaisée et qui commençait à voir les furies s'approcher de son âme, accueillit bien cette requête, et l'Hôtel de Ville expédia aussitôt des ordres à tous les quartiniers et capitaines pour mettre un terme à l'horrible tuerie et à tous les excès. Le Prévôt des marchands et les échevins montèrent eux-mêmes à cheval, escortés par les archers de la Ville, et parcoururent les différents quartiers. Dans chaque dizaine on fit le relevé des protestants survivants. Un poste de dix hommes fut placé au bout de chaque rue. Néanmoins, l'apaisement ne se fit pas d'une manière instantanée, car c'est le 26 août que Ramus, l'illustre professeur du Collège royal, fut assassiné par des misérables à la solde de son collègue et rival, Jacques Charpentier. Le roi, qui avait toujours protégé Ramus et lui avait même donné naguère asile au palais de Fontainebleau, ne pouvait approuver un tel crime. Il nomma, le 29, une commission pour faire appliquer les ordonnances sur le rétablissement de l'ordre. Par une sorte de lâcheté tardive, il essaya de rejeter sur les Guises la responsabilité du massacre ; mais ceux-ci protestèrent si hautement que Charles IX dut déclarer, dans le lit de justice du 26, que tout avait été fait par ses ordres. L'évêque Montluc et l'avocat général du Faur de Pibrac écrivirent l'apologie des massacreurs ; le premier président, Christophe de Thou, alla jusqu'à féliciter le roi d'avoir su pratiquer la maxime de Louis XI : « Qui ne sait pas dissimuler ne sait pas régner » ; et le Parlement rendit un arrêt contre le cadavre de Coligny (27 sept.). Quant à Charles IX, il fit mieux : il alla insulter ces tristes débris au gibet de Montfaucon et, comme les courtisans se bouchaient le nez à cause de l'odeur, il leur dit : « Je ne le bouche comme vous autres, car l'odeur de son ennemi est très bonne ».

En quelques jours, 30 000 protestants avaient été égorgés sur toute la surface du territoire. Le beau-père du roi, l'empereur Maximilien, en pleura ; mais Rome et Madrid répondirent par des feux de joie et des actions de grâces. Celui qui avait semé la haine ne devait récolter que la haine. Le sang des huguenots semblait l'étouffer. Il se défiait de tout le monde, du roi de Navarre, du duc d'Anjou, de Catherine elle-même. Une fièvre lente le minait, et quand il accompagna jusqu'à la frontière son frère détesté, qu'il avait forcé à s'en aller ceindre la couronne de Pologne, la mort vengeresse avait déjà touché du doigt le malheureux prince. Tel était le désarroi de toute cette cour de grands seigneurs, de femmes perdues, d'astrologues et de sbires, qu'une poignée de cavaliers huguenots la contraignit de quitter à la hâte le château de Saint-Germain (21 fév. 1574). Le roi moribond s'enferme au château de Vincennes ; il se fait le geôlier du roi de Navarre et du duc d'Alençon. Encore deux têtes qui tombent, celles de la Môle et de Coconas (fin avril), tandis que deux illustres soldats, les maréchaux de Montmorency et de Cossé, sont écroués à la Bastille ; et puis un grand silence... On apprend que Charles IX, sentant ses forces épuisées, a délégué à sa mère le pouvoir suprême (28 mai). Catherine écrit le même jour à la Ville : « Messieurs, je vous assure que le roi mon fils se porte bien et espère, avec l'aide de Dieu, que la médecine qu'il a prisé ce matin *l'achèvera de guérir* [1]... » Cette médecine acheva peut-être de le tuer [2]. Si c'est la main d'une mère qui a versé le poison au roi de la Saint-Barthélemy, la vérité historique ne dépasse-t-elle pas en horreur les légendes traditionnelles, qui nous montrent l'homicide monarque terrifié par le pressentiment de la malédiction des siècles et implorant, à la dernière heure, le pardon de sa vieille nourrice huguenote?

1. *Registres de la Ville.*
2. De Thou et Brantôme croient que Charles IX est mort empoisonné et traduisent le cri de l'opinion publique. D'Aubigné accuse nettement Catherine « d'avoir apporté de la fraude et de l'artifice à la mort de son fils ».

CHAPITRE V

LES BARRICADES

PARIS SOUS HENRI III

Après les sombres tragédies du règne de Charles IX, Paris et la France attendaient un roi pacificateur et vraiment national. Il ne vint qu'un prince de féerie. Élu roi de Pologne malgré lui, Henri d'Anjou s'était soustrait par la fuite à la surveillance de ses sujets dès qu'il avait appris la mort de son frère; mais il avait regagné la France avec aussi peu de hâte qu'il l'avait quittée, s'attardant au milieu des fêtes éblouissantes de Venise, scandalisant les Italiens eux-mêmes par la singularité de ses mœurs. Puis, au lieu d'aller prendre possession de sa capitale, il s'habille en pénitent, couvre ses habits de petites têtes de mort, se fait une cour à son image, traîne ainsi de Lyon à Avignon sa majesté de carnaval, laisse battre et insulter ses soldats par les femmes huguenotes de Livron, une bicoque que toute une armée ne peut prendre, et revient à Reims ordonner de nouvelles fêtes pour son sacre et son mariage [1].

Il y avait neuf mois que s'était ouvert le nouveau règne, lorsque Henri III, le dimanche 27 février 1575, descendit de son coche au Louvre « avec la reine sa mère et la reine sa femme... » Les Parisiens purent, dès le début, prévoir quel serait le système de gouvernement de celui qu'on appelait le vainqueur de Jarnac et de Moncontour. Ce pré-

---

1. Après avoir demandé la main de la princesse Elisabeth, sœur du roi de Suède, Henri III s'était épris de Louise de Lorraine, fille du comte de Vaudémont, et avait brusquement résolu de l'épouser.

tendu héros n'était qu'une sorte de satrape oriental dont
les exploits devaient se borner à tarir, par des prodigalités
insensées, les ressources du pays. Le roi commença par
demander trois millions « aux bonnes villes », la ville de
Paris étant taxée au tiers de cette somme, et un million au
clergé. Il est bon de rappeler, à ce propos, que les États
généraux d'Orléans (1560) ayant autrefois menacé le clergé
de confisquer tous ses biens temporels, l'ordre ecclésias-
tique s'était engagé, par un contrat connu sous le nom de
contrat de Poissy, à verser au roi 1 600 000 livres par an pour
le rachat du domaine. Ce fait explique, à lui seul, la haine
que témoigna l'Église de France à Henri III, et est le point
de départ de l'insurrection ligueuse. Mis en coupes réglées
par la couronne, le clergé n'avait que du dédain pour les
démonstrations pieuses d'un prince qu'on soupçonnait fort
d'avoir volé le bois de la vraie croix, conservé à la Sainte-
Chapelle, pour le donner en gage à des banquiers italiens.

Quant aux bourgeois parisiens, le roi, qui se proposait
de faire de larges saignées à leur épargne, ne manqua pas
d'affecter tout d'abord un grand respect pour leurs franchises municipales. Dans une assemblée générale tenue à
l'Hôtel de Ville le 23 septembre 1575, il leur dit « que,
bien qu'ils aient eu de bons rois ci-devant qu'ils ont bien
aimés, il les aimerait autant et plus qu'eux ». Mais il
s'agissait alors d'obtenir le concours de la Ville contre la
révolte du duc d'Alençon; et aussi bien les gens des métiers
ne marchandèrent ni les subsides ni les soldats. La milice
municipale atteignit un effectif de 50 000 hommes, et les
contingents parisiens contribuèrent à la victoire de Dor-
mans (11 oct. 1575), où Henri de Guise gagna son surnom
de *Balafré*. Mais, après la trêve signée par Catherine avec
le duc d'Alençon (21 nov.), Paris vit bien que les pacifiques rentiers de la capitale payeraient tous les frais de la
guerre, tandis que les princes rebelles seraient traités
comme des bienfaiteurs de la patrie. En effet, la caisse
municipale était bonne pour dédommager les vaincus
comme elle avait été bonne pour équiper les soldats du

roi. Henri III demanda aux Parisiens de lui fournir
200 000 livres. De là ces fermes *remontrances* du 19 décembre 1575, que le Prévôt des marchands lut au roi devant
le duc et le cardinal de Guise, le chancelier, le maréchal
de Retz et les autres membres du Conseil. Elles tracent le
plus sombre tableau de la France et de sa capitale ; dé-
noncent la corruption du clergé, la versatilité de la magistrature, la licence effrénée des gens de guerre, le scandaleux désordre des finances ; insistent sur les sommes
énormes que la couronne a demandées depuis quinze ans
à la Ville de Paris (36 millions), et cela pour les gaspiller
en pure perte ; enfin, terminent par une double menace :
l'une tirée du jugement de Dieu [1] ; l'autre tirée du jugement des hommes [2]. Déjà, dans ce document remarquable,
apparaît l'idée maîtresse qui va inspirer l'insurrection
catholique : la France est gouvernée par un prince indigne
qui attire sur son pays la colère céleste : « La guerre que
nous souffrons vient du ciel et n'est autre chose que l'*ire*
du ciel qui se manifeste ». La conclusion se tirait d'elle-
même : il faut renverser le roi coupable pour apaiser Dieu.
Henri III écouta ces terribles paroles le sourire aux lèvres...
et Paris paya la solde de 2000 Suisses pendant quatre
mois. Allait-on au moins faire la guerre aux protestants,
au roi de Navarre, à Condé et aux lansquenets allemands,
leurs alliés ? Non : la paix de *Monsieur* (mai 1576) dé-
membre la France au profit du frère du roi et promet
700 000 écus à Jean-Casimir, le chef des envahisseurs
allemands. C'était renouveler la honte de Charles le Gros.
Henri III, pour acquitter ces dettes humiliantes, redoubla
ses exactions et manda successivement tous les membres
du Parlement au Louvre pour prier « chacun d'eux, selon
leurs moyens et facultés, de lui faire prêt de quelques

1. « Comme vous avez la domination sur votre peuple, aussi est
Dieu votre supérieur et dominateur, auquel devez rendre compte de
votre charge. »
2. « Savez trop mieux, sire, que le prince qui lève et exige de
son peuple plus qu'il ne doit, aliène et perd la volonté de ses sujets
de laquelle dépend l'obéissance qu'on lui donne. »

sommes de deniers promptement ». De nouvelles taxes furent mises sur les bourgeois, et l'avide monarque menaça de saisir les deniers destinés au payement des rentes sur l'Hôtel de Ville pour extorquer encore 100000 livres aux Parisiens.

La haine des catholiques contre les huguenots, le ressentiment du clergé, qui ne se consolait pas de la vente partielle de ses biens (1576), l'apparent triomphe de l'hérésie après l'invasion allemande, enfin l'impudente et folle administration de Henri III, tout cela concourut à jeter dans une commune révolte la démocratie parisienne et l'armée cléricale. Cependant, la conception de ce qu'on a appelé la *Ligue* fut, à l'origine, purement aristocratique. Dès 1562, le cardinal de Lorraine, étant au concile de Trente, avait posé les bases d'une grande association qui devait avoir un double objet : affermir en France la domination de l'Église romaine; substituer, le cas échéant, la maison de Guise à la race des Valois. La mort violente de François de Guise (fév. 1563), puis la mort de son frère le cardinal (26 déc. 1574), retardèrent la réalisation des plans de l'ambitieuse famille de Lorraine. Mais Henri de Guise avait recueilli l'héritage des talents paternels. A dix-huit ans, il faisait signer à la noblesse de Champagne et au clergé de Troyes une formule de serment. Disposant par lui-même ou ses alliés de cinq gouvernements et de quinze évêchés, il pouvait mettre au service de son ambition des ressources inépuisables. L'indignation des catholiques à la nouvelle de la *paix de Monsieur*, l'effervescence de la population parisienne, le décidèrent à tout oser. Au mois de juin 1576, il envoya au pape Grégoire XIII un agent secret, l'avocat David, avec un mémoire qui proposait la déchéance « de la race de Capet » au profit des vrais rejetons de Charlemagne, c'est-à-dire des princes lorrains. En même temps, une double campagne fut entreprise et activement poursuivie.

A Paris, quelques bourgeois, répondant à la pensée des Guises et des moines, prirent l'initiative d'une *Sainte-Ligue*.

Le parfumeur Pierre de La Bruyère, aidé de son fils, Mathieu de La Bruyère, conseiller au Châtelet, fut le premier promoteur de cette association politique et religieuse; mais, après avoir enrôlé dans la nouvelle milice un certain nombre de fanatiques et de déclassés, il rencontra une vive résistance dès qu'il s'adressa aux classes plus élevées, et le premier président de Thou arrêta net, par sa fermeté et sa vigilance, les progrès de la Ligue naissante. Par une brusque évolution, les meneurs transportèrent en province le théâtre de leurs intrigues. Une créature des Guises, le seigneur d'Humières, gouverneur de Péronne, avait réussi à enrôler sous la bannière de l'Union presque toute la noblesse de Picardie. Il fit signer à ses adhérents un pacte en dix-huit articles (juin 1576), qui, en dépit d'une phraséologie respectueuse pour la personne royale, dévoile déjà nettement le but de la Ligue, c'est-à-dire la *conservation de la religion* et l'obéissance passive à tous ceux qui, après l'extinction de la maison de Valois « seront appelés par la loi du royaume à la couronne ».

Bien édifié sur la gravité du danger par la découverte du mémoire de l'avocat David, Henri III crut d'une politique habile de se déclarer lui-même le chef de l'Union et d'entrer avec ses courtisans dans l'association catholique. L'impérieuse nécessité de se procurer de l'argent obligea bientôt le roi à convoquer les États généraux. Ils se réunirent à Blois le 6 novembre 1576. Les députés de Paris, Nicolas Luillier, Prévôt des marchands, Le Prévost, échevin, et l'avocat Versoris cherchèrent, par tous les moyens, à précipiter la reprise de la guerre civile; mais la majorité du tiers état refusa tout subside, comprenant bien que Henri III n'affectait des sentiments ultra-catholiques que pour obtenir des ressources. Ainsi déjoué dans ses projets par les représentants de la nation, le roi puisa de nouveau dans la caisse municipale et demanda 300 000 livres à sa bonne ville pour continuer la guerre religieuse. Le 24 mars 1577, la municipalité parisienne adressa au roi des remontrances énergiques, qui nous montrent « le pauvre peuple pillé et mangé jusques aux os ». Il fallut pourtant s'exécuter et, après bien des marchandages, verser 100 000 livres entre les mains du prince. D'autre part, comme le clergé refusait obstinément de payer les arrérages des rentes qu'il devait à la Ville, le receveur municipal, François de Vigny, offrit sa démission, qui d'ailleurs ne fut pas acceptée. Les sommes extorquées aux bourgeois parisiens furent gaspillées dans les fêtes splendides que Catherine de Médicis donna, à Chenonceaux, en l'honneur du duc d'Anjou (mai 1577); après quoi Henri III signa la paix avec les protestants (*Édit de Bergerac*, 17 septembre), renouvelant ainsi la mystification de la paix de *Monsieur*. Les catholiques, auxquels une série d'avantages partiels avaient fait espérer l'écrasement prochain des huguenots, sentirent croître leur mépris pour un prince cynique qui décidément se jouait d'eux. Ils se jetèrent dans les bras des Guises avec d'autant plus d'enthousiasme qu'une clause du nouvel édit « cassait et annulait toutes les ligues, associations, faites ou à faire, sous quelque prétexte que ce fût ».

Loin de modifier sa conduite et ses procédés de gouvernement, Henri III ne profitait de la paix que pour donner à la nation le spectacle de tous les scandales. Éloignant de lui les grands seigneurs, s'entourant de favoris obscurs, il faisait de ses *mignons* (comme on les appelait) les premiers personnages de l'État. Chaque prince traînait à sa suite un véritable état-major de gentilshommes, et Paris se passionnait par leurs folies et leurs duels. Celui de Caylus, Maugiron et Livarot, amis du roi, contre d'Entragues, Riberac et Schomberg, amis du duc de Guise, est resté célèbre (27 avril 1578). Pour se soustraire aux menaces du roi, le duc d'Anjou (fév. 1578) et tous les princes lorrains (27 avril) quittèrent successivement la capitale. Ils allèrent soulever les provinces catholiques, tandis que le roi de Navarre, irrité des perfidies de Henri III, entrait, de son côté, en campagne (*Guerre des Amoureux*, avril 1580). Enfin, le clergé prenait de nouveau une attitude menaçante et refusait de remplir ses engagements pécuniaires envers l'Hôtel de Ville. Il fallut, pour vaincre sa résistance, que le Parlement de Paris rendît un arrêt ordonnant l'arrestation des évêques qui se trouvaient hors du ressort et la comparution personnelle des autres. Tous les jours, l'agitation se développait davantage au sein des masses parisiennes : le roi en était réduit aux mesures les plus vexatoires pour se procurer de l'argent. Les quartiniers, chargés des dispositions à prendre en vue d'assurer l'exécution de l'édit qui ordonnait la confiscation des biens des huguenots (juin 1580), avaient aussi à combattre une contagion terrible, la *coqueluche*, qui, du 2 au 8 juin, atteignit 10 000 personnes. A la coqueluche succéda une peste qui n'exerça pas moins de ravages. On fut obligé de dresser des tentes dans les faubourgs Montmartre, Saint-Marceau, Vaugirard et dans la plaine de Grenelle ; les affaires furent paralysées au point que l'on jouait aux quilles sur le pont Notre-Dame et dans la grande salle du Palais.

Henri III essaya de secouer tant de tristesse en redoublant ses prodigalités maladives, que couronnaient toujours de nouveaux édits fiscaux. Henri III se préoccupait peu des moyens : il ne visait qu'aux résultats, mais le produit des taxes, à peine encaissé, recevait un emploi digne du prince. Les noces des mignons Joyeuse et la Valette coûtèrent, à elles seules, 1 200 000 écus d'or, près de 11 millions de notre monnaie. Mais il fallut solder la note de l'interminable série de fêtes qui éblouirent Paris du 7 septembre au 15 octobre (1581). On s'adressa, comme d'habitude, aux bourgeois parisiens et, comme ils résistaient, le roi prit « des coffres de M. François de Vigny », receveur municipal, une somme de 100 000 écus, dont la plus grande partie fut donnée aux ducs de Joyeuse et d'Epernon, à titre de bourses de voyage. Puis, en décembre 1582, c'est une taxe sur tous les marchands de Paris « achetant et vendant du vin en gros » ; en janvier 1583, un don gratuit de 200 000 livres, afin d'acquitter la solde arriérée des

Suisses. Toutes ces exactions avaient épuisé l'épargne des Parisiens : les remontrances municipales du 9 février affirment que, depuis quelques années, « la marchandise était diminuée du tiers ». Mais Henri III répondit à ces remontrances en prenant encore, de force, dans la caisse municipale, les 200 000 livres dont il avait besoin.

On eût dit que cette race des Valois prenait à tâche de soulever contre elle la conscience publique. Le duc d'Anjou venait de se faire chasser honteusement par les habitants des Pays-Bas, qui l'avaient appelé comme un sauveur et qu'il avait lâchement trahis. Sa mort, peut-être violente (10 juin 1584), fut un événement capital, car elle donna une force immense au parti catholique : en effet, le plus proche héritier de Henri III était le roi de Navarre, un huguenot. A partir de ce moment, la situation se dessine avec une netteté tragique : d'une part Henri III, roi sans postérité, soutenu par la diplomatie, toujours redoutable, de sa mère, par le prestige du droit monarchique et la fidélité persistante d'un certain nombre de fonctionnaires de tout ordre; de l'autre, les Guises avec leur puissante clientèle et leur génie politique, le roi d'Espagne, le pape et l'immense armée des moines. Enfin, sur le second plan et prêt à profiter des circonstances, l'actif et valeureux roi de Navarre, confiant dans son étoile et dans le robuste bon sens du génie français. L'antagonisme de tous ces éléments dominera toute la fin du règne de Henri III et se dénouera par deux crimes historiques. Nos annales ne présentent pas de période plus dramatique (avant la Révolution française) que les trois années qui nous séparent de l'assassinat du dernier Valois, et la population parisienne a joué dans ces péripéties extraordinaires un rôle prépondérant.

Le 16 janvier 1585, le duc de Guise renouvela au château de Joinville le pacte qu'il avait antérieurement conclu avec le roi d'Espagne. Le pape, par l'intermédiaire du jésuite Claude Mathieu, qu'on appelait le *courrier de la Ligue*, promit, « quand on aurait commencé », de déclarer le roi de Navarre incapable de succéder à la couronne. Il n'allait pas jusqu'à conseiller le meurtre de Henri III, mais il engageait les ligueurs à se saisir de la personne royale. Enfin les cantons catholiques de la Suisse se déclaraient prêts à mettre au service des princes un contingent de 6 000 hommes. Tels étaient les moyens d'action de la faction aristocratique de l'Union.

Au début de cette même année 1585, la Ligue parisienne reconstitua ses cadres. Dans un conciliabule tenu, le 3 janvier, chez Jean Leclerc, procureur au Parlement, en présence de Mayneville, agent du duc de Guise, les conjurés développèrent leur plan, qui consistait à surprendre le roi dans son palais du Louvre, où il ne disposait guère que de deux ou trois cents gardes. Le lendemain, dans une autre réunion, les rôles furent distribués. Tandis que La Chapelle-Marteau, le président de Neuilly, le président Lemaître, le lieutenant particulier La Bruyère étaient chargés de pratiquer les magistrats, d'autres ligueurs se chargeaient de faire des recrues dans les couches inférieures de la population. A celui-là, les bouchers et charcutiers; à celui-ci, les mariniers du port « et garçons de rivière »; à cet autre, les marchands et courtiers de chevaux.

Une organisation vigoureuse fut donnée au parti, et le point de départ en est fort curieux. Si l'on en croit les documents du temps, la reconstitution de la Ligue en 1585 serait due à une sorte d'intervention mystique de la Providence, qui aurait suscité un simple bourgeois, Charles Hotman, sieur de La Rocheblond, pour sauver la religion menacée. Il alla trouver trois ecclésiastiques : Jean Prévost, curé de Saint-Séverin, Boucher, curé de Saint-Benoît, de Launay, chanoine de Soissons, et leur fit part de ses vues. Tels sont les personnages qu'on appela les « premiers piliers de la Ligue à Paris ». Unis par la communauté de leur fanatisme, ils résolurent de s'adjoindre un certain nombre de personnes sûres. C'est ainsi que le cercle s'étendit peu à peu : on peut citer parmi les nouvelles recrues le procureur Crucé, l'avocat d'Orléans, Jean

Pelletier, curé de Saint-Jacques, Jean Guincestre, bachelier en théologie, le sieur d'Effiat, gentilhomme d'Auvergne. Pour imprimer une direction régulière au complot catholique, on créa un Conseil d'une dizaine de membres, qui à son tour choisit dans son sein un *Comité d'action* composé de six personnes, à savoir La Rocheblond, Compans, Crucé, La Chapelle-Marteau, Louchart et Bussy Leclerc. Les seize quartiers de Paris furent groupés en cinq circonscriptions, ayant chacune un chef.

Le roi, fort exactement renseigné sur tous les détails de la conspiration, prit quelques mesures de précaution. Il fit arrêter un bateau chargé d'armes que conduisait le sieur de la Rochette, agent du duc de Guise, ordonna aux quartiniers d'exercer une sévère surveillance aux portes et d'opérer des perquisitions fréquentes dans les auberges suspectes. Il destitua même tous les capitaines de la milice élus par les bourgeois et les remplaça par des fonctionnaires royalistes. Mais, devant les menaces des princes catholiques (10 juin 1585), il laissa la reine signer l'*Édit de Nemours* (7 juillet), qui était une véritable capitulation de la royauté. Tous les chefs ligueurs recevaient des places de sûreté. Le Parlement accueillit cet édit avec une morne stupeur. Quant aux Parisiens, ils furent d'abord satisfaits d'être délivrés du lourd service de garde aux portes et aux tranchées, mais ils oubliaient que la paix avec la Ligue, c'était la reprise de la guerre avec le roi de Navarre, qui se montra furieux du manque de foi de Henri III. Le roi de France avait lui-même honte de sa lâcheté; le 11 août, il somma brusquement la Ville de Paris de lui fournir 200 000 écus *en don*. « Assemblez ce matin, dit-il au Prévôt des marchands, les bourgeois de ma bonne ville de Paris, et leur déclarez que, puisque la révocation de l'édit leur a fait tant de plaisir, j'espère qu'ils ne seront pas fâchés de me fournir 200 000 écus d'or dont j'ai besoin pour cette guerre ». Tous les ligueurs sentirent l'ironie de ce langage, et, comme Henri III, tout en pliant sous la rude main des Guises, ne savait pas dissimuler sa haine contre des alliés

6

dont il avait peur, la coalition des princes et des moines résolut de précipiter le dénouement.

C'est de Rome que vint le mot d'ordre. Grégoire XIII venait de mourir; son successeur, l'énergique cordelier Sixte-Quint, par une bulle du 9 septembre 1585, prononça l'excommunication du roi de Navarre, qui répondit en traitant le pape d'Antechrist. Le Parlement de Paris, dans des remontrances très audacieuses pour l'époque, condamna violemment les prétentions du pontife qui osait « s'entremêler de la succession d'un prince plein de jeunesse » et proposa au roi « de jeter la bulle au feu en présence de toute l'Église gallicane ». Mais le roi n'osa pas mettre à profit l'appui patriotique que lui offraient les magistrats, et fit enregistrer un édit bannissant tous les protestants du royaume (16 oct.). La Ligue, encouragée par l'attitude du Saint-Siège, répondit par un pamphlet qui exaltait l'Inquisition d'Espagne et engageait la France à prendre un prince tartare ou scythe plutôt que de subir un roi huguenot. Suspect à Henri III, l'Hôtel de Ville n'était pas moins suspect aux énergumènes du parti catholique, qui accusaient les magistrats de tolérer le prêche et de prêter les mains à une prochaine revanche de la Saint-Barthélemy. D'autre part, le roi témoignait une égale méfiance aux élus de la bourgeoisie, puisqu'il ne permettait pas aux quartiniers de procéder aux perquisitions hors la présence des chevaliers du Saint-Esprit. Bien plus habile, le duc de Guise, pendant le long séjour qu'il fit dans la capitale (15 février-18 mai 1586), ne négligea rien pour se concilier la sympathie de la population parisienne. C'est à son influence qu'il faut attribuer la féroce campagne de pamphlets et de libelles que les catholiques commencèrent contre le roi. Tandis que l'imprudent et frivole monarque s'amusait à découper des images, à jouer au bilboquet ou à faire une collection de petits chiens (qui coûta 100 000 écus), on discutait, dans les assemblées secrètes du parti, les moyens de se défaire du Valois, d'occuper la Bastille, l'Arsenal, le Châtelet et l'Hôtel de Ville, enfin de s'emparer du Louvre ; après quoi, on épurerait le Parlement et le Conseil du roi. L'espion Poulain, lieutenant de la prévôté de Paris, éventa ce complot, et le duc de Mayenne, qui en attendait l'issue, fut trop heureux d'obtenir du roi la permission de se retirer dans son gouvernement. Une seconde tentative, étouffée encore dans son germe, ne fut pas plus heureuse. Cette fois, le duc de Guise tança les Parisiens, qui le compromettaient, et les menaça de ne plus s'occuper de leurs affaires. Mais la situation était trop tendue pour qu'il fût possible de prévenir un conflit violent.

Henri III, nerveux et irrité, semble prendre à tâche de se rendre tous les jours plus impopulaire. Il s'aliénait la Ville en lui imposant pour gouverneur M. d'O, gendre de Villequier, et l'un des courtisans les plus décriés ; il multipliait les édits bursaux (vingt-sept en un seul jour) au point que les conseillers au Parlement offraient leurs démissions plutôt que de les approuver ; aux élections d'août 1586, il imposait la candidature d'un échevin de son choix, le sieur Lugolly ; enfin il laissait pendre dans la cour du Palais (22 nov.) un pauvre fou, l'avocat Le Breton, qui avait écrit quelques libelles contre la magistrature et contre le roi. Agitée par les prédications des moines et les excitations des agents du duc de Guise, la population parisienne éprouvait ce trouble singulier qui précède les grandes crises sociales et les catastrophes historiques. Des nuées de mendiants parcouraient les rues ; la municipalité se déclarait impuissante à soulager cette misère effroyable. Au milieu des foules qui avaient faim, le fanatisme jetait sa semence ; l'Église avait installé ses officines en pleine rue, dressant sur la voie publique des reposoirs que les fidèles chargeaient de riches offrandes. Des frontières de Champagne, de Picardie et de Lorraine, les Guises acheminaient vers Paris d'immenses processions de pauvres gens qui, vêtus de longs habits blancs, traversaient la grande Ville en poussant d'étranges clameurs..... Le comité parisien de Ligue dirigeait ses émissaires dans toutes les provinces et inondait le pays de circulaires passionnées. Toutes les

villes étaient mises en demeure d'établir des conseils de six
personnes et de nouer des relations étroites avec les chefs
du mouvement.

La nouvelle de l'exécution de Marie Stuart, qui fut connue
à Paris le 1er mars 1587, porta au paroxysme l'exaltation
populaire. On allait jusqu'à publier que Henri III avait
demandé en secret la mort de sa belle-sœur. Le roi, effrayé
de ces manifestations de haine, rappela à lui d'Épernon,
redoubla de démonstrations pieuses et réorganisa la milice
municipale, en exigeant des capitaines un serment de fidélité. Mais l'abîme se creusait de jour en jour plus profond
sous ses pas. Au lieu de flatter l'Hôtel de Ville et de faire
des avances aux bourgeois, il saisit encore les fonds destinés à payer les rentes du quartier de juin (1587) et repoussa
violemment l'intervention du Parlement, où il comptait
pourtant ses plus fidèles serviteurs. Tous les actes du
prince sont inconsidérés et contradictoires. Tantôt il presse
le duc de Guise de consentir à une trêve avec les huguenots (entrevue du 3 juillet à Meaux); tantôt il laisse sa
noblesse suivre le beau Joyeuse dans la triste campagne
qui eut pour dénouement la défaite de COUTRAS (20 octobre
1587).

A Paris, l'audace des ligueurs ne connaît plus de bornes.
Le 3 juin, Roland, général des monnaies et l'un des « arcs-
boutants et piliers de la Ligue », s'exprime avec une telle
violence sur le compte du roi, en pleine assemblée de
l'Hôtel de Ville, qu'il faut l'écrouer à la Conciergerie.
Mme de Montpensier fait placer au cimetière Saint-
Séverin un tableau représentant les prétendues tortures
que la reine d'Angleterre infligeait à ses sujets catholiques : les autorités n'osent pas enlever en plein jour cette
ridicule peinture, que les badauds parisiens avaient prise
au sérieux. Le 2 septembre, Bussy Leclerc provoque une
émeute et soutient un véritable siège dans le quartier
Saint-Jacques contre les gens du roi. Henri III se sent tellement méprisé qu'il n'ose pas rester dans la capitale et se
rend au camp d'Étampes (12 sept.), après avoir publié

un nouveau règlement sur la police de la ville. Guise, vivement sollicité par les ligueurs, songe un moment à venir à Paris pour donner le signal de la révolte, mais il préfère se donner la gloire de repousser l'invasion des reîtres allemands (24 nov. 1587), tandis que le roi achète lâchement la soumission des Suisses huguenots. Aussi lorsque, un mois plus tard, il fait sa rentrée dans Paris, le Prévôt des marchands ne lui adresse que la plus ironique des harangues en le félicitant de ses « grandes, glorieuses et admirables victoires ». Dans une délibération du 16 décembre, la Sorbonne décide « qu'on peut ôter le gouvernement aux princes qu'on n'a pas trouvés tels qu'il le fallait, comme l'administration à un tuteur devenu suspect ». Henri III répond, en plaisantant, que la Sorbonne n'a pas su ce qu'elle faisait, « parce que c'était après déjeuner ». Mais ce n'était plus le temps de rire. La meute des prédicateurs, les Boucher, les Prévost, les Guincestre, continue d'aboyer, et Mme de Montpensier agite les légendaires ciseaux qui doivent donner une troisième couronne à Frère Henri de Valois. Fort de l'appui du pape, qui vient de lui envoyer une magnifique épée, poussé par le bras terrible de Philippe II, qui, avant de lancer contre l'Angleterre sa *grande armada*, la flotte invincible, veut brusquer en France le déchaînement de la guerre civile, Guise met la dernière main à l'organisation de la Ligue. Il remplit de ses officiers les cadres de la milice municipale ; jette dans Paris la troupe ardente des irréguliers à sa solde, que l'ombre des couvents dissimule à la police royale ; régularise le groupement des seize quartiers en cinq circonscriptions et passe secrètement en revue les trente mille hommes dont il dispose. En même temps, le *Conseil des Six* distribue les rôles : Crucé doit s'occuper particulièrement des quartiers de l'Université, Saint-Jacques, Saint-Marcel et Saint-Germain ; Compans commandera dans la Cité ; La Chapelle, Louchard et Bussy surveilleront les autres quartiers. Tout est préparé pour l'émeute ; il n'y a plus qu'à choisir le moment et à donner le signal.

Pour débuter, les conjurés avaient conçu le dessein de s'emparer du roi lui-même, après avoir égorgé le duc d'Épernon. Mais Poulain éventa encore ce complot, dont l'exécution était fixée au 24 avril 1588. Henri III fit venir de Lagny 4000 Suisses et transforma le Louvre en véritable arsenal. Guise, qui s'était avancé jusqu'à Gonesse, rappela ses troupes, déjà cantonnées à Saint-Denis, et se retira, fort déconcerté, jusqu'à Dammartin. Aux instances des ligueurs parisiens, il répondit qu'il ne tarderait pas à rentrer dans la capitale; qu'en attendant, il laissait aux catholiques deux de ses gentilshommes, Chamois et Bois-Dauphin, pour préparer l'action. Puis, il retourna à Soissons. Henri III, peu rassuré, et qui venait de se séparer de son énergique favori d'Épernon, nommé gouverneur de Normandie, envoya Pomponne de Bellièvre au duc de Guise pour l'engager à ne pas venir à Paris (26 avril). Le duc congédia Bellièvre avec des paroles vagues, si bien que le roi ordonna à son messager de repartir pour confirmer des ordres qu'il avait trop mollement transmis. Mais la reine mère donna à Bellièvre des instructions toutes contraires, et fit dire au chef de la Ligue de se rendre au plus tôt dans la capitale. Aussi Guise n'éprouva-t-il aucune hésitation. Il monta à cheval avec huit gentilshommes d'escorte, sans compter Brigard, l'émissaire des Parisiens, et le 9 mai, à midi, il franchissait la porte Saint-Martin, le visage caché dans son manteau. Brusquement, un de ses cavaliers enleva la coiffure et tira le manteau; tout le monde reconnut le duc, qui, sans plus garder l'*incognito*, s'achemina vers l'hôtel de la reine mère, aux « Filles-Repenties » [1]. La naine de Catherine était à la fenêtre, et elle annonça l'arrivée de Guise, ce qui risqua de la faire fouetter. Mais, dès que la vieille reine mère reconnut que sa naine ne mentait pas, « elle fut tellement émue d'aise et de contentement, dit une relation du temps, qu'on la vit frissonner et changer

---

1. C'est-à-dire l'hôtel bâti sur l'ancien emplacement des Filles-Repenties; il a été remplacé par la Halle aux blés.

de couleur ». Elle envoya immédiatement M. de la Guiche
avertir le roi de l'arrivée du duc, qui demandait la permission « d'aller lui faire la révérence ».

Henri III frissonna, comme sa mère, et changea aussi de
couleur, mais ce fut sous le coup de la colère. « Il est venu !
Par la mort-Dieu, il en mourra. Où est logé le colonel
Alphonse? — En la rue Saint-Honoré, répondit Villeroi. —
Envoyez-le quérir et qu'on lui dise qu'il s'en vienne soudain me parler ». Le colonel corse Alphonse Ornano,
homme d'une énergie à toute épreuve et très dévoué à son
maître, arriva sans retard au Louvre. Le roi s'enferma avec
lui dans son cabinet et lui dit : « Voilà M. de Guise qui
vient d'arriver et toutefois je lui avais mandé qu'il ne vînt
point. Si vous étiez en ma place, que feriez-vous ? — Sire, il
n'y a, ce me semble, qu'un mot à cela : tenez-vous M. de
Guise pour votre ami ou votre ennemi? » Le roi ayant fait
un geste significatif, d'Ornano ajouta : « Ce qu'étant, s'il
vous plaît de m'honorer de cette charge, sans vous en donner autrement peine, je vous apporterai aujourd'hui sa tête
à vos pieds ou bien vous le rendrai en lieu là où il vous
plaira d'en ordonner, sans qu'aucun homme du monde
bouge ni remue, si ce n'est à sa ruine ». Henri III n'osa
pas accepter et répliqua qu'il espérait donner ordre à tout
« par un autre et plus *court* moyen ». Le moyen d'Ornano
ne laissait pas cependant d'être court.

Cependant Guise, avec une audace extraordinaire,
s'acheminait vers le Louvre, sous l'égide de la reine mère,
qui, bien que fort souffrante, « s'était fait mettre dans une
chaise à bras » pour accompagner le chef de la Ligue.
Impassible, celui-ci fendait les flots d'une foule enthousiaste
qui criait : *Vive Guise! Vive le pilier de l'Église!* Des femmes touchaient le bord de son manteau ; d'autres pleuraient
de joie. « Bon prince, dit une bouquetière, puisque tu es
ici, nous sommes sauvés! » Mais lui, n'est-il pas perdu?...
Le Louvre ressemblait à une caserne; Guise dut traverser
des haies de fer avant d'arriver jusqu'au roi. Henri III
était dans la chambre de la reine, « assis près du lit ». Il ne

bougea pas lorsque le duc vint lui faire la révérence, presque à genoux. « Mon cousin, pourquoi êtes-vous venu? dit-il, tout pâle. » Et comme Guise s'excusait sur Bellièvre, qui, on le sait, avait rempli sa mission d'une manière équivoque, le roi foudroya son envoyé par ces mots significatifs : « Je vous en avais dit davantage... » Où allait peut-être s'emporter la rage du monarque? Catherine s'entremet aussitôt, se prodigue en paroles mielleuses, tandis que la reine Louise engage une conversation avec le duc, comme pour lui servir de sauvegarde. La conférence se prolongea cependant pendant trois mortelles heures; mais, après le premier choc, Guise était sauvé; il profita de la lassitude et des hésitations du roi pour prendre congé. Aucun des gentilshommes ne le suivit.

Le lendemain, Henri III, qui avait laissé passer l'occasion de se venger, songea à faire poignarder son ennemi par les Quarante-cinq, quand il se présenterait à son lever; mais le duc vint avec une escorte de 40 chevaux. Il tenait déjà Paris dans sa main. Au sein même de l'Hôtel de Ville, la Ligue avait des complices, et notamment l'échevin Saint-Yon (auquel on doit une curieuse relation de la Journée des Barricades). La milice n'était pas moins divisée : les officiers ligueurs n'obéissaient pas aux ordres du Prévôt et réunissaient leurs hommes séparément. Le 8 mai, les archers de la Ville refusèrent formellement d'aller prendre possession des poudres qui se trouvaient au Temple et faillirent mettre à mort le Prévôt des marchands, Nicolas-Hector de Pereuse, et l'échevin Le Comte. Dans la nuit du 8 au 9 mai, les deux partis avaient pris les armes afin de se tenir mutuellement en respect.

Le 11 mai, vers 5 heures, une assemblée se réunit à l'Hôtel de Ville, sur la convocation du roi; il y eut une vive altercation entre M. d'O et l'échevin Saint-Yon. Effrayé par l'aspect de Paris, qui devenait de plus en plus menaçant, Henri III manda les principaux magistrats, auxquels il avait confié des commandements dans la milice, et leur prescrivit d'occuper en forces le cimetière des Innocents.

qui, avec ses deux issues sur la rue Saint-Honoré et la rue du Fouare, constituait une excellente position stratégique. Mais quatre compagnies sur quinze firent défection et ne consentirent pas à se laisser enfermer dans le cimetière. M. d'O, qui vint les rappeler au devoir, dut se retirer en toute hâte; et, après avoir tenu une sorte de conseil chez le quartinier Canaye avec les échevins Le Comte et Lugoly, il alla, vers 4 heures du matin (12 mai 1588), ouvrir la porte au régiment des gardes et aux Suisses, que le roi avait mandés. Ces troupes s'avancèrent en silence jusqu'au cimetière des Innocents, où elles laissèrent quatre ou cinq compagnies, puis allèrent occuper, tambour battant, les postes qui leur étaient assignés : le Marché-Neuf, le Petit-Pont, le pont Saint-Michel et le Petit Châtelet. Mais déjà l'alarme était donnée. Dès 4 heures du matin, le ligueur Crucé avait ameuté tout le quartier de l'Université, et les écoliers, descendant de la montagne Sainte-Geneviève, avaient élevé des barricades à la place Maubert. Lorsque Crillon se présenta au nom du roi, il trouva la position occupée : il voulait charger, mais l'ordre lui arriva de battre en retraite. Ce brave soldat n'obéit qu'avec colère. Le quartier général des royalistes se trouvait à l'Hôtel de Ville, où le Prévôt des marchands, Hector de Pereuse, avait passé la nuit avec Laurent Têtu, chevalier du guet, et l'échevin Lugoly. Tous les colonels de la milice avaient été convoqués. D'autre part, le duc de Guise se tenait enfermé dans son hôtel, et il fut sur le point de consentir à quitter Paris, sur les instances de Catherine. Mais il était trop tard pour reculer. Partout les bourgeois fermaient les volets de leurs maisons « avec un étrange courroux ». L'aspect des rues était lugubre. Vers 8 heures, une députation du Parlement, conduite par les présidents Brisson et Séguier, vint faire part de ses craintes au roi, qui envoya Villequier pour ordonner aux boutiquiers de rouvrir leurs volets. Mais la mission de Villequier n'eut aucun succès. Henri III avait d'ailleurs conservé toute son assurance. Il répondit de telle sorte à d'Espinac, archevêque de Lyon, et l'un des meneurs de la Ligue, que le prélat se rendit en toute hâte auprès du duc de Guise « pour vivre et mourir avec lui ». Les soldats royalistes ne montraient pas moins de forfanterie, insultant les femmes et menaçant les bourgeois d'incendier leurs maisons. A la place de Grève, M. d'O disait aux officiers de la milice et aux conseillers de Ville, qui lui demandaient des ordres : « Il n'est besoin de s'armer, mais seulement d'apprendre à obéir; aujourd'hui le roi sera maître. » Alors, sous le porche de l'Hôtel de Ville, on vit un valet du bourreau !

Indignés, les bourgeois commencèrent à élever des barricades et bloquèrent les soldats du roi qui occupaient les abords de l'Hôtel de Ville. On pouvait ou bien marcher sur les barricades, ou bien se concentrer au Louvre; mais le roi ne sut prendre à temps ni l'un ni l'autre parti. Catherine donnait les ordres et espérait venir à bout des révoltés au moyen de ses petites ruses ordinaires. Tous les capitaines royalistes durent rester sur la défensive, pendant que les ligueurs fortifiaient leurs positions et commençaient à insulter les Suisses. On ne sait qui tira le premier coup de feu. La première *alarme* paraît avoir eu lieu au pont Notre-Dame, vers 9 heures. Une balle perdue tua un tailleur. Les Suisses du Marché-Neuf, pressés de toutes parts, promirent de ne pas attaquer, et la compagnie qui tenait le pont Saint-Michel fut trop heureuse de l'évacuer sans combat. Mais au Châtelet, le maréchal d'Aumont n'avait rien pu gagner en parlementant avec les bourgeois, qui demandaient l'éloignement immédiat des troupes étrangères. Au carrefour Saint-Séverin, une formidable barricade se dressait à six pas des Suisses. Le Prévôt des marchands et les échevins Le Comte et Lugoly durent se cacher pour échapper aux représailles populaires, car on ne leur pardonnait pas d'avoir ouvert aux Suisses la porte Saint-Honoré.

Une chaleur lourde pesait sur Paris, et les ligueurs, à force de boire, devenaient plus exaltés de minute en minute. Soudain, la consigne circule de commencer le feu

Les Barricades.

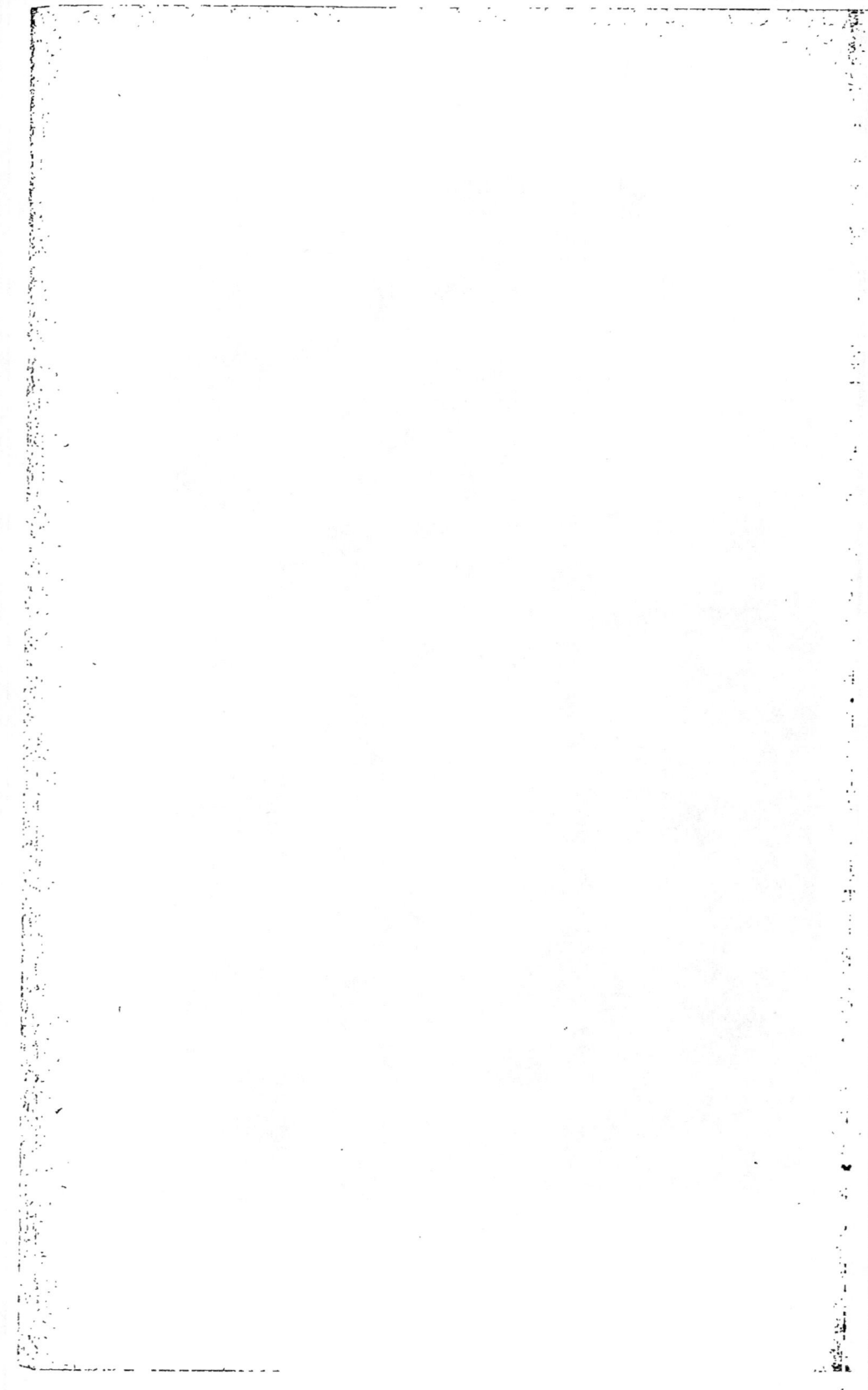

quand retentirait « la batterie du clocher de Saint-Germain le Viel ». En même temps, les capitaines du quartier de l'Université envoient dire à l'Hôtel de Ville que si le roi ne rappelle pas les troupes étrangères, le peuple les chassera de force. Crucé, qui commandait la barricade du carrefour Saint-Séverin, assemblait ses hommes, quand un coup d'arquebuse fut tiré par les Suisses. Ce fut le signal du massacre. Les royalistes sont chassés dans la direction du Petit-Châtelet, où s'installent aussitôt les ligueurs. Au pont Saint-Michel, les fuyards se heurtent au comte de Brissac, un des plus fougueux officiers du duc de Guise. Les malheureux Suisses, criblés de coups d'arquebuse, assommés par les pavés que les femmes font pleuvoir sur eux des fenêtres de chaque maison, se jettent à genoux en criant : *France! Miséricorde! Bons catholiques!* On a pitié de ces mercenaires réduits à merci, et l'on permet au maréchal d'Aumont de les ramener vers le Louvre. Tout va bien d'abord, mais, en défilant sur le pont Notre-Dame, les vaincus, auxquels les bourgeois criaient d'éteindre les mèches de leurs arquebuses, ont l'imprudence de faire une décharge qui tue deux hommes et blesse un lieutenant de la milice. Aussitôt la fusillade recommence, et les Suisses, refoulés vers le Marché-Neuf, d'où ils venaient de sortir, retombent encore à genoux en criant : « France! France! chrétiens, nous! » Mais le sinistre mot d'ordre : « Tue! tue! » couvre leurs supplications. Enfin les ligueurs se lassent, et Brissac laisse MM. d'O et Ornano opérer, avec les débris de la colonne royaliste, une périlleuse retraite.

Dans cette extrémité, le roi, prévenu du péril où étaient ses troupes, se résout à solliciter l'intervention du duc de Guise. Le maréchal de Biron finit par décider le chef de la Ligue à venir dégager les gardes et les Suisses. Il paraît, en simple pourpoint de satin blanc, et aussitôt tout s'apaise. Les barricades s'ouvrent devant lui; les colères se dissipent, et Saint-Paul, l'un des officiers ligueurs, une houssine à la main, reconduit les Suisses, de la place de Grève et du Petit-Châtelet, comme un convoi de bestiaux. Guise fut magna-

nime jusqu'au bout : il épargna même M. d'O, qu'il détes-
tait, et jeta sa clémence à la face du roi comme une suprême
injure.

La nuit qui suivit (12 au 13 mai) ne fut pas encore une
nuit de repos pour les vainqueurs. Au Louvre, le roi restait
entouré de ses gentilshommes et des soldats de sa garde
française et suisse, qui, au lieu de sortir de la ville, comme
on l'avait promis au duc de Guise, étaient revenus prendre
position dans les jardins et les cours du palais. Dans la
ville, toutes les fenêtres étaient éclairées; il y avait de
grands feux aux carrefours, et la milice était sur pied.
Brissac avait réuni toute une armée d'écoliers et de moines
« pour la faire marcher quand besoin serait ».

Guise semblait résolu à frapper le coup suprême : il avait
écrit au gouverneur d'Orléans pour réunir tous les ligueurs
dispersés dans les environs de la capitale; aux portes de
Paris, on arrêtait les royalistes, qui accouraient pour
secourir le prince. Le 13 au matin, Henri III ne disposait plus
que de la porte Neuve, située sur le bord de la Seine, et qui
faisait communiquer le Louvre avec les Tuileries; la capitale ressemblait à un camp peuplé de soldats bizarres qui
sortaient des couvents avec des croix blanches. Le roi
manda Saint-Yon, l'échevin ligueur, qui lui conseilla de
s'en remettre au duc de Guise et de monter à cheval pour
traverser les barricades à ses côtés. Sur les instances de
Catherine et du Prévôt des marchands, Henri III consentit
à éloigner de Paris les troupes étrangères. A 11 heures,
elles franchirent la porte Saint-Honoré. Alors le roi resta
sans défense, prisonnier dans son Louvre, qu'enserraient
les barricades. Quand il voulut se rendre à la Sainte-Cha-
pelle, on lui refusa le passage. Catherine fut plus heureuse,
mais derrière elle on replaçait les barriques. La vieille
reine pleura longuement, après cette promenade. Impassible
jusque-là, le roi commençait à craindre pour sa sûreté. Ses
émissaires lui annonçaient que quinze mille hommes allaient
bloquer le château; déjà le quartier de l'Université, avec
ses moines fanatiques et ses écoliers fougueux, commençait

à s'ébranler. En présence de cette marée montante de l'insurrection, les courtisans n'hésitèrent pas à conseiller au prince de se dérober par la fuite à un danger prochain. Catherine offrit d'aller de nouveau trouver le duc de Guise ; elle monta « dans sa chaire » et traversa les barricades de la même manière que le matin. Mais le chef de l'Union accueillit froidement les supplications de la reine et dit « qu'il n'en pouvait mais, qu'il était aussi malaisé de retenir le peuple que d'arrêter taureaux échauffés ». Voyant qu'elle ne gagnait rien, Catherine dit tout bas au secrétaire d'État Pinart, qui l'accompagnait, d'aller informer le roi de l'attitude peu rassurante du duc de Guise ; mais quand Pinart arriva au Louvre, Henri III n'y était plus. Craignant de tomber aux mains des ligueurs s'il temporisait encore, il était sorti du palais sur les 4 heures après midi, une baguette à la main, comme pour faire sa promenade habituelle. Il s'arrêta aux Tuileries, « quelque peu, appuyé sur une pierre, pleura fort chaudement et dit : O ville ingrate ! je t'ai plus aimée que ma propre femme ! » A 5 heures, Pinart rejoignit son maître et lui fit part du message de Catherine. Il n'y avait plus à hésiter ; Henri entra aux écuries et monta à cheval avec quelques magistrats ou officiers : le chancelier, le duc de Montpensier, M. d'O, M. de Longueville, le comte de Saint-Paul, le cardinal de Lenoncourt, les maréchaux de Biron, M. de Bellièvre, Jacques Faye, avocat au Parlement, et deux secrétaires d'État. Son écuyer, du Halde, le botta et, dans son émotion, lui mit un éperon à l'envers. « Je ne vais pas voir ma maîtresse, dit le roi ; nous avons un plus long chemin à faire ». Puis il prit la route de Saint-Cloud, après s'être retourné vers Paris pour maudire la ville et jurer qu'il n'y rentrerait que par la brèche.

Le dernier des Valois ne rentra jamais dans Paris. L'assassinat du duc de Guise par les Quarante-cinq (23 décembre 1588) ne tua pas la Ligue et lui imprima, au contraire, un nouvel élan. Pour lutter contre les masses catholiques, Henri III dut faire alliance avec Henri de Navarre et ses huguenots; mais le poignard de frère Jacques Clément ayant supprimé violemment l'un des rois alliés (2 août 1589), le Béarnais resta seul en face de la formidable coalition des ligueurs et de l'Espagne. Son héroïsme, les victoires d'Arques et d'Ivry, la rupture entre Mayenne et la démagogie catholique, l'incohérence des États généraux de la Ligue, les prétentions insolentes de Philippe II, le bons sens des *politiques*, qui trouve son expression dans un merveilleux pamphlet, la *Satire Ménippée;* enfin et par-dessus tout la conversion du roi (1593), telles sont les causes qui ont donné Paris et la France au fondateur de la dynastie des Bourbons. Le 21 mars 1594, Henri IV, grâce à la connivence de Brissac et du Prévôt des marchands, Lhuillier, entrait dans la capitale, aux cris de : *Vive la paix!* et s'installait au Louvre.

CHAPITRE VI

PARIS SOUS LA FRONDE

LES PRINCES A L'HÔTEL DE VILLE

L'entrée de Henri IV à Paris avait déterminé la chute de la Ligue et de la république des Seize. Sans doute, l'ordre était rétabli dans la capitale, mais les feux de joie officiels n'éclairaient guère que des maisons en ruine et des rues envahies par les herbes, une ville morte, dépeuplée par les épidémies, terrorisée par des bandes de pillards. Au sortir de la sombre période de l'insurrection cléricale, Paris ne reprit pas en un jour sa prospérité, sa gaieté expansive. Le soir, on se barricadait, après le coucher du soleil, à moins qu'on n'eût un duel, chose fréquente : chaque rue était un cloaque que n'éclairait aucune lanterne. Henri dissipa ces ténèbres, releva ces ruines, réapprit la joie de vivre à ce peuple abusé qui s'était complu dans l'œuvre de mort et de haine. Il refit Paris avec amour, pendit les voleurs, organisa les juridictions, Parlement, Châtelet, sur un pied formidable, remplit les prisons et rebâtit les palais. On a cent fois célébré ces merveilles : l'Hôtel de Ville continué, la grande galerie du Louvre assise sur le rez-de-chaussée de Catherine de Médicis, la vieille résidence des rois reliée aux Tuileries, le Pont-Neuf achevé, la place Royale ouverte, la *Bibliothèque royale* transférée de Fontainebleau à Paris ; des quais, des abreuvoirs, des égouts, des rues droites et, sur plusieurs points, pavées ; des manufactures, des hospices ; les four-

7

geois rassurés par une police vigilante et par une magistrature implacable.

Pourtant qu'on ne s'y trompe pas! Henri IV, en dépit de
sa grâce chevaleresque et de sa réelle compassion pour les
misères du peuple, a été le plus autoritaire des rois. S'il a
fréquemment transigé avec ses ennemis, acheté plutôt que
forcé leur soumission, s'il a eu mille faiblesses pour les chefs
de la noblesse, les Mayenne, les Montmorency, les d'Épernon, c'est qu'il était lui-même un gentilhomme et un soldat,
c'est qu'il méprisait la bourgeoisie et ceux que Sully appelait dédaigneusement « les bonnets carrés », les hommes
de robe. Sous ce règne, où tant d'utiles mesures eurent
pour objet le bien-être des masses, les libertés politiques
et municipales sont absolument sacrifiées. Lorsque l'avidité
des partisans et l'incurie des hauts dignitaires de l'État
eurent rendu nécessaire un appel au pays, Henri ne se décida pas à convoquer les États généraux. L'assemblée des
Notables, réunie à Rouen en octobre 1596, n'avait pas même
l'apparence d'un corps électif. C'était un comité consul-
tatif qui se composait de fonctionnaires choisis arbitrairement par la couronne. Au point de vue municipal, même
intolérance. Le prince rendit l'Hôtel de Ville responsable
des excès de la Ligue, et l'un de ses premiers actes fut
d'imposer aux électeurs parisiens le maître des requêtes,
Martin Langlois, en qualité de Prévôt des marchands, et
Robert Besle et Jean Le Comte, en qualité d'échevins. Ils
furent choisis « sans scrutin, par la volonté absolue du
roi ». Deux ans après, en août 1596 [1], Henri voulut inter-
dire aux quartiniers, sous peine de perdre leurs charges,
de procéder à la nomination des électeurs qui se joignaient
au Corps de Ville pour élire les officiers municipaux. En
tout cas, et bien que les formalités traditionnelles aient
été accomplies cette année-là, malgré les ordres formels
du monarque, Langlois n'en fut pas moins continué dans
sa charge, et l'on savait bien que la cour n'eût tenu aucun
compte des volontés contraires du corps électoral.

1. Voir FÉLIBIEN, *Histoire de la Ville*, t. II, p. 1245.

Mais ce n'est pas tout : ces prévôts des marchands imposés ne jouissaient même pas d'une réelle indépendance. François Miron, le plus brillant des administrateurs de Paris pendant ce règne, celui qui, de l'aveu même du prince, en avait fait plus en deux ans de prévôté (1604-1606) que ses prédécesseurs en vingt ans, Miron ne fut pas continué dans sa charge et ne réunit que 7 suffrages, tandis que son concurrent, Jacques Sanguin, seigneur de Livry, obtenait 69 voix. Pourquoi? C'est qu'il avait pris au sérieux les intérêts généraux de ses administrateurs (il ne s'agissait plus alors de libertés politiques); c'est qu'il avait trop énergiquement défendu la cause des rentiers de la Ville contre les projets de banqueroute de la cour.

Ce roi, dont tous les historiens vantent la bonne administration, avait des procédés économiques pour alléger le fardeau de la dette publique. On sait que, depuis le règne de François Ier, c'était la Ville de Paris qui servait de caution aux rois et payait aux souscripteurs des emprunts l'intérêt de leurs créances. Ces emprunts successifs étaient gagés par des fermes d'impôts divers; mais après les gages authentiques, on avait donné au caissier municipal des gages fictifs et sans valeur, de telle sorte que la Ville avait fini par refuser tout prêt à des princes sans scrupule, tels que l'était Henri III. Mais le dernier des Valois avait tranché la difficulté en puisant de force dans la caisse municipale. Henri IV n'imita pas, certes, des pratiques aussi criminelles; néanmoins, son imagination méridionale lui avait suggéré une décision qui, par le résultat, équivalait à une banqueroute partielle. Un arrêt du Conseil en date du 17 août 1604 supprima purement et simplement l'exigibilité des arrérages non payés en 1604 [1]. Or, depuis dix-neuf ans, les rentiers n'avaient touché que les acomptes très irréguliers sur leurs titres. Le clergé, lui, à lui seul, devait verser chaque année plus de

1. Voy. sur cette question des rentes : *François Miron et l'administration de Paris sous Henri IV de 1604 à 1606*, par A. MIRON DE L'ESPINAY. Paris, Plon, 1885. 1 vol. in-8°.

1 200 000 livres à la caisse de l'Hôtel de Ville, était en
retard de 15 millions. Lorsque Paris apprit que le roi
approuvait une aussi formidable escroquerie, il fut sur le
point de se soulever. Miron, malgré son dévouement pour
le roi, apporta au Conseil, le 13 septembre 1604, des remontrances d'une énergie extraordinaire. Elles demandaient le
châtiment des traitants, la vérification des comptes des re-
ceveurs du clergé et mettaient en parallèle la richesse des
rois avec la pauvreté du peuple qui s'épuisait pour eux.
« Inutilement travaillons-nous d'amasser de l'argent au roi
pendant que nous lui perdons l'affection de ses sujets, car
enrichir le roi, c'est rendre son État misérable... Un roi sans
argent, bien voulu de ses sujets, est beaucoup plus fort qu'un
roi plein de trésors et de haine de son peuple. » Le magistrat
imposé allait jusqu'à insinuer que Néron lui-même avait été
plus libéral que le Béarnais, car il avait dispensé les Romains
de tout impôt pendant une famine et proclamé la liberté du
commerce. Henri IV ne consentit pas à faire arrêter Miron,
comme le voulaient les courtisans. Les bourgeois montaient la garde à la porte de leur prévôt, et le roi recula.
« Paris, dit-il, m'a coûté trop cher pour me mettre en
danger de le perdre, ce qui me semblerait infaillible si je
suivais votre conseil. » Il préféra ménager une transaction
entre la ville et le clergé, qui lui apporta un pot-de-vin
de 400 000 livres.

De pareils faits expliquent que le *Vert-Galant* n'ait joué
dans la capitale que d'une popularité très contestable ; l'administration de Sully, qui se traduit par la suppression ou la
réduction des rentes et par l'hérédité des charges judiciaires
concédée moyennant finance [1], aurait dû, ce semble, inspirer moins d'enthousiasme à l'histoire. Le vieux de Harlay,
premier président du Parlement, ayant derrière lui toute
la robe, n'avait pas protesté moins vivement que l'Hôtel
de Ville contre la politique financière de Sully. En avril

---

1. Le droit annuel perçu par le fisc sur les officiers de justice et
de finances fut appelé *la Paulette*, du nom du traitant Paulet, qui
avait imaginé cet impôt et en fut le premier fermier.

1597, il fallut que le roi lui-même vînt forcer l'enregistrement des édits bursaux. En somme, l'amour du peuple pour Henri IV est surtout un amour posthume. Lui mort, assassiné par un visionnaire, agent possible, sinon probable, de d'Épernon et de Concini, on sentit la France arrêtée dans son essor, on devina l'écroulement de projets grandioses; on pleura le héros qui avait abattu la Ligue et défendu contre l'Espagne l'unité nationale, en attendant qu'il imposât à l'Europe vaincue la suprématie « du grand empereur des chrétiens ». La légende a fait de Henri IV une sorte de prince des *Mille et Une Nuits*, libre penseur et démocrate, apôtre et martyr de la liberté de conscience. Ce fut simplement le plus brave, le plus habile et le plus sympathique des rois absolus.

Après sa mort, la meute des grands seigneurs et des courtisans se précipite sur la France comme à la curée, tandis que le peuple parisien s'acharne sur le cadavre de Ravaillac « le parricide » et traîne ses lambeaux par les rues. SULLY, rebuté, disparaît dans l'ombre; l'ambassadeur d'Espagne gouverne sous le nom de la régente Marie de Médicis et d'un petit roi de huit ans. Quel étrange chaos d'intrigues, de cabales, de meurtres; quelles énormes impudences aristocratiques! Aux États Généraux, réunis à Paris le 14 octobre 1614, après la déclaration de la majorité de Louis XIII, la haine des classes se manifeste avec une incroyable violence. Le Tiers, par l'organe de Savaron, député de la sénéchaussée de Clermont, déclare que le peuple finira par secouer le joug, si l'on ne supprime les pensions payées aux princes; et le baron de Sénecé, président de la noblesse, laisse dire par les jeunes fats qui l'entourent « qu'il n'y a pas plus de fraternité entre eux et la roture qu'entre le maître et le valet ». Le 4 février, messire de Bonneval mettait le précepte en action, et bâtonnait un député du tiers état, le sieur de Chavailles. Ces valets, cependant, défendaient mieux que les deux autres ordres les grands intérêts du pays; le cahier de l'Ile-de-France présentait en première ligne un article qui proclamait l'affranchis-

sement de l'État vis-à-vis de l'Église et déniait au pape le
droit de déposer les rois. Mais, cédant aux instances du
clergé, la reine interdit l'insertion de cet article au cahier
général. Tout Paris chanta ce quatrain [1] :

> O noblesse, ô clergé! les aînés de la France,
> Puisque l'honneur du roi si mal vous maintenez,
> Puisque le tiers état en ce point vous devance,
> Il faut que vos cadets deviennent vos aînés.

Lors de la présentation des cahiers (23 fév. 1615), Robert Miron, président du Tiers et prévôt des marchands
de Paris [2], fit un tableau terrible des misères du peuple
opposées aux scandaleux privilèges et aux immenses richesses des nobles et du clergé. Après les doléances
venaient les sommations et les menaces : « Si Votre Majesté n'y pourvoit, il est à craindre que le désespoir ne
fasse connaître au pauvre peuple que le soldat n'est pas
autre chose que le paysan portant les armes; que le vigne-
ron, quand il aura pris l'arquebuse, d'enclume qu'il est, ne
devienne marteau. » Quelle fut la réponse de la cour à ces
émouvantes adjurations? Lorsque le lendemain les députés
revinrent au couvent des Augustins, où ils avaient tenu leurs
séances, ils trouvèrent la porte fermée. Soixante-quatorze
ans plus tard, la même situation se représenta; mais alors
le tiers état trouva des *chefs* et enfonça la porte qu'on lui
jetait au visage. Les députés de 1615 n'eurent ni autant
d'énergie ni une telle conscience de leur force; mais ils
manifestèrent, à peu de chose près, les mêmes aspirations
et les mêmes sentiments, la même indignation contre les
ordres privilégiés, la même passion de l'égalité politique.

D'où vient que Richelieu eut pour lui la silencieuse
approbation des masses? C'est qu'il épousa une partie des
rancunes populaires et frappa à la tête ces nobles insolents
qui regardaient la France comme une proie. En cela, il

---

1. Ms. de la Bibl. Nat., coll. Fontanieu, p. 187.
2. C'est le frère de François Miron, prévôt des marchands sous
Henri IV, dont nous avons parlé plus haut.

reprit l'œuvre des États, l'œuvre aussi du Parlement, expression la plus haute de la bourgeoisie parisienne. Dès l'abord, il y a quelque incertitude dans l'essor du grand homme. Celui qui devait reprendre la politique anti-espagnol de Henri IV commence par être le protégé de l'Espagne. Évêque de Luçon à vingt-deux ans, orateur du clergé aux États de 1614, il se glisse jusqu'au confessionnal de la reine, cultive la faveur de Concini et sert d'intermédiaire entre la cour et ce brouillon de prince de Condé, auquel la paix de Loudun vient de rapporter encore 1 500 000 livres. Enfin il arrive au ministère (30 nov. 1616) après avoir contribué sans doute à l'arrestation de Condé, qui eut pour contre-coup le pillage par le peuple parisien de l'hôtel du maréchal d'Ancre, rue de Tournon. Alors, Richelieu commence son duel formidable contre la noblesse. Il étale aux yeux de la France les exactions des princes depuis la mort du roi Henri [1], et proclame que le roi est « obligé de prendre les armes pour empêcher l'établissement d'une tyrannie particulière dans chaque province ». Partout les rebelles sont battus, et Concini se pare des lauriers qu'un autre lui cueille. Il ne pense plus à quitter la France pour mettre en sûreté ses millions. Mais Richelieu aperçoit bientôt le vide et l'abaissement du favori de la reine. Certes, il ne se jette pas dans les bras de Charles-Albert de Luines, le fauconnier de Louis XIII, qui fait assassiner Concini par Vitri (24 avril 1617). Il était un peu la créature du maréchal et céda au torrent, attendant son heure.

Quand Concini tombe, immolé sans jugement, la foule va déterrer son corps sous les orgues de Saint-Germain l'Auxerrois, le traîne, en le frappant à coups de bâton, jusqu'à la Bastille, puis le ramène devant la maison du mort, rue de Tournon, enfin achève de le brûler sur le

---

1. Condé, 3 665 990 livres ; le comte de Soissons et les siens, 1 600 000 ; les deux Mayenne, 2 000 000 ; Vendôme, 600 000 ; Épernon et ses fils, 700 000 ; Bouillon, 1 000 000 de livres. Il faut ajouter à ces sommes les pensions, traitements, dons aux amis et domestiques.

Pont-Neuf avec les bois de la potence. Un forcené fit
griller le cœur du maréchal et le mangea... Richelieu,
devenu cardinal, revient au pouvoir, après la mort du
connétable de Luines. Par quelle séduction suprême s'im-
posa-t-il au respect du peuple? Par sa volonté impérieuse
et persistante de subordonner les intérêts particuliers à
l'intérêt supérieur de l'État, et d'asseoir l'unité française
(la *res publica*, une et indivisible de l'avenir) sur les débris
des seigneuries féodales. Ce grand faucheur, qui moissonne
sans relâche l'aristocratie française et « couvre tout de sa
robe rouge », travaille sans doute pour la monarchie ; mais,
en brisant l'orgueil des classes privilégiées, il flatte les pro-
fondes rancunes de la bourgeoisie et prépare à son insu
l'avènement d'un nouvel ordre social. Étienne Marcel avait-il
fait autre chose que d'abattre les gentilshommes qui servaient mal le pays? Richelieu a été, lui aussi, un révolution-
naire, par en haut [1]. Si le mot de Napoléon est vrai : « Vous,
Français, vous ne savez rien vouloir sérieusement, si ce n'est
l'égalité », Richelieu mérite de rester populaire. Sa politique
s'appuya toujours sur les humbles ; il opposa la petite
noblesse à la grande, les commerçants et les industriels à
la haute bourgeoisie, à l'aristocratie de robe. Paris vit sans
ressentir de pitié les bastilles se refermer sur le maréchal
d'Ornano et ses frères (4 mai 1626), sur les Châteauneuf et
les Bassompierre (fév. 1631), et l'échafaud de la place de
Grève se dresser pour le comte de Boutteville, l'incorrigible
duelliste, coupable de s'être battu en plein midi sur la
place Royale, au mépris d'un édit royal (21 juin 1627).
C'est dans une chambre de l'Hôtel de Ville que le maréchal

---

1. Le *Moniteur* de 1789, dans son résumé des *Cahiers*, a bien
caractérisé l'œuvre du cardinal : « Laissons les aristocrates se dé-
chaîner contre la mémoire de ce ministre intrépide qui terrassa
leur orgueil et vengea le peuple de l'oppression des grands... En
immolant de grandes victimes au repos de l'État, il en devint le
pacificateur; il porta le premier les véritables remèdes à la racine
de mal... en abaissant les pouvoirs intermédiaires qui asservissaient
la nation depuis près de neuf siècles... » *Discours préliminaire*, p. 72
et suivantes.

de Marillac, condamné à mort pour concussion par une commission extraordinaire, passa ses derniers moments et fit sa dernière toilette. Le 9 mai 1632, le roi écrivait au Prévôt des marchands : « Nous avons estimé n'y avoir lieu plus commode, pour prononcer son arrêt, que l'Hôtel commun de notre dite ville. » Le lendemain, à 4 heures, Louis de Marillac montait sur un échafaud dressé devant la grande porte de l'Hôtel de Ville, et l'exécuteur lui tranchait la tête.

Sous l'administration de Richelieu, il ne pouvait être question de libertés municipales. Cependant il ne paraît pas que Paris ait eu à se plaindre du cardinal. Sa prospérité matérielle prit un essor merveilleux. Partout des palais s'élèvent : le *Luxembourg*, construit par J. Debrosse pour Marie de Médicis (1615-1620), le Palais-Cardinal par Richelieu (de 1630 à 1636) ; le collège de Sorbonne et son église, dont la première pierre fut posée en mai 1635 ; d'innombrables couvents, dont quelques-uns, Port-Royal, par exemple, ont reçu, de nos jours, une destination singulière ; des églises, comme Saint-Roch, Saint-Eustache, Saint-Gervais ; des abbayes, comme le Val-de-Grâce, bâti par Anne d'Autriche, et dont Mignard a peint le dôme. On plante le Cours-la-Reine ; on fonde le Jardin des Plantes et l'Imprimerie royale ; on construit le quai Malaquais. Le Corps de Ville assiste aux cérémonies officielles et se console de son rôle subalterne en offrant au roi ses harangues ou ses confitures, à l'occasion des entrées ou du feu de la Saint-Jean [1]. Il en arrive à trouver plaisant que la suite du prince casse la vaisselle municipale. « Le roi et la reine, écrit Félibien à propos des fêtes de la Saint-Jean (année 1620), s'arrestèrent à voir la belle ordonnance de la collation qui leur fut présentée, qui demeura longtemps sans dérangement. Il n'en fut pas de mesme des autres

---

1. Dès le xiiᵉ siècle, l'administration municipale faisait allumer un feu de joie sur la place de Grève, la veille de la Saint-Jean. Au xviᵉ siècle, la cérémonie se terminait par un repas somptueux offert au roi et aux seigneurs de la cour.

collations offertes aux princes et princesses, seigneurs et
dames. Tout fut dissipé dans un instant, avec un grand
débris de vaisselle de fayence, et *le roi prit un plaisir singulier à tout ce fracas.* » En 1626, Louis XIII donna un
magnifique ballet à l'Hôtel de Ville, dans la nuit du Mardi
Gras. On dansa jusqu'à 9 heures du matin, et le roi,
ayant demandé un verre, but à la santé du Prévôt des marchands et de la Ville, puis il salua les échevins et le greffier. C'est ainsi que s'y prenait la cour pour faire oublier
aux magistrats municipaux l'abaissement de leur rôle
et la décadence des franchises parisiennes. Louis XIII
daigna, d'ailleurs, confirmer les privilèges des archers, et
arbalétriers de la Ville (fév. 1615); exempter les prévôt
et échevins, ainsi que les capitaines de la milice, de loger
les gens de cour ou les ambassadeurs (20 déc. 1616), et
dispenser les quartiniers de toutes aides, subsides et im-
positions sur les denrées et marchandises provenant de
leur cru.

Quittons ces marionnettes officielles; la vie, à cette époque,
est sur le Pont-Neuf, avec les Mondor et les Tabarin, « les
marchands d'emplâtres et d'onguents », comme dit Ber-
taud dans sa *Ville de Paris;* elle est à la foire Saint-Germain ou à la foire Saint-Laurent; ou bien encore sur les
planches des Turlupin et des Gauthier-Garguille, des Arle-
quin et des Scaramouche. L'esprit français prend tous les
aspects et rayonne dans tous les sens. Il s'affine, s'épure
et se subtilise avec Balzac et Voiture, avec tous les beaux
esprits de l'hôtel de Rambouillet; il s'égare dans l'épopée
avec Chapelain, dans le roman avec Mlle de Scudéri et la
Calprenède; il se gaspille avec Hardi en innombrables et
stériles imitations du théâtre espagnol, puis, d'un bond,
atteint les idéales régions du sublime avec un protégé de
Richelieu, PIERRE CORNEILLE. *Le Cid* est de 1636. Ce fut un
grand événement littéraire; c'est aussi un grand événement parisien. « On a vu seoir en corps aux bancs des
loges, écrivait l'acteur Mondory à Balzac, ceux qu'on ne
voit d'ordinaire que dans la chambre dorée et sur le siège

des fleurs de lys. La foule a été si grande à nos portes, et notre lieu s'est trouvé si petit que les recoins du théâtre qui servaient les autres fois comme niches aux pages, ont été des places de faveur pour les cordons bleus, et la scène y a été d'ordinaire parée de croix de chevaliers de l'Ordre. » L'instinct populaire vit, en cela, plus juste que le petit cénacle littéraire érigé en corps de quarante membres sous le nom d'*Académie française* par le cardinal de Richelieu (janv. 1635). Tandis que l'Académie faisait élaborer un lourd *jugement* par Chapelain, l'auteur de *la Pucelle*, le peuple résumait son admiration dans le proverbe : *Beau comme le Cid.*

En cette même année 1636, Paris ressentit des émotions moins douces que les émotions littéraires. A la suite de la prise de la Capelle (10 juillet), l'armée hispano-impériale avait forcé le passage de la Somme, et Piccolomini et Jean de Weert lançaient jusqu'à l'Oise leurs bandes de cavaliers croates et hongrois. Il y eut un moment de panique dans la capitale ; des nuées de campagnards, des religieux et des religieuses accouraient de tous côtés pour se mettre à l'abri de la place, dont les remparts étaient à moitié renversés par suite des travaux d'agrandissement de l'enceinte. Le peuple, affolé, faisait entendre contre le cardinal des plaintes amères et des menaces. « Pourquoi, s'écriait-on, provoque-t-il la guerre sans avoir les moyens d'être vainqueur? Pourquoi n'a-t-il pas assuré la défense de Paris, au lieu de bâtir son Palais-Cardinal ? Pourquoi s'est-il allié aux hérétiques? » Jamais Richelieu ne déploya un plus impassible courage qu'en cette crise redoutable, où la terre semblait manquer sous ses pas. Tandis que le roi, toujours sombre, déjà hostile à son ministre, s'installait au Louvre, le cardinal monta en carrosse, et, sans gardes, au pas, à travers une foule frémissante, il poussa droit à l'Hôtel de Ville, haranguant les groupes et prêchant la guerre contre l'invasion. Tel fut l'effet de cette attitude superbe que le peuple, dans le brusque revirement de ses sentiments naïfs, admira comme un dieu l'homme extraordinaire que, tout à l'heure, il voulait déchirer. Richelieu entra en triomphateur à l'Hôtel de Ville, puis donna l'ordre au Prévôt des marchands de faire assembler les métiers et de leur demander assistance. Une série de mesures énergiques organisèrent la défense : on fit injonction à tous, gentilshommes et soldats, « sans condition », de s'enrôler dans les vingt-quatre heures ; aux maîtres d'armes leurs laquais, à ceux qui avaient carrosse de fournir un cheval avec un cavalier ; aux maîtres de poste un cheval avec un postillon. Les artisans ne purent garder qu'un apprenti ; tous les ateliers chômèrent. Il y eut des scènes patriotiques qui furent renouvelées lors des grandes guerres nationales de la Révolution. Au Louvre, le roi embrassa tous les chefs des métiers, même les jurés des savetiers, qui donnèrent 5000 livres, presque autant que les notaires. A l'Hôtel de Ville, le maréchal de la Force s'était installé en haut des degrés et recevait les noms des volontaires : les crocheteurs, rapporte Tallement des Réaux, lui touchaient dans la main en disant : « Oui, monsieur le maréchal, je veux aller à la guerre avec vous. » A côté du peuple qui donnait son sang, les bourgeois, les parlementaires avaient à donner leur argent ; ils s'exécutèrent avec moins d'enthousiasme. Le Parlement crut l'occasion bonne pour protester contre Richelieu et mettre la main sur la gestion des fonds de guerre : il ne s'attira qu'une défense formelle de s'occuper des affaires de l'État. Certains bourgeois firent de l'esprit. Guy-Patin avait donné 12 écus pour la levée des fantassins ; quand on lui demanda une seconde cotisation pour la levée des cavaliers, il répondit que, « tout ainsi que ses rentes ne lui étaient payées qu'une fois l'an, il ne pouvait donner qu'une fois ». Tout cela n'empêcha pas le cardinal de procurer au roi une grosse armée avec laquelle il entra en Picardie et battit les Espagnols (reprise de Corbie, 14 nov. 1636). Paris chanta un *Te Deum*, et Louis XIII offrit à la cathédrale une lampe d'argent de trois cent vingt marcs. Richelieu triomphait avec la patrie.

Ce fut ainsi pendant toute la fin du règne. Paris sent que la lutte n'est pas entre lui et le grand ministre, mais entre la couronne et la noblesse, entre la France et l'étranger. Il reste juge du camp, avec un peu trop d'indifférence peut-être et trop de parcimonie, quand il s'agissait d'un grand intérêt national. On a vu l'attitude revêche de la bourgeoisie et du Parlement lors de l'invasion de 1636 ; en 1617-1628, lors du siège de la Rochelle, la grande citadelle protestante qui opposa aux armes du cardinal une si terrible résistance, Paris ne seconda que d'une façon bien mesquine l'effort immense de la couronne, et il est absolument exagéré de dire, comme l'ont fait certains historiens [1], que « les moyens nécessaires à l'achèvement de cette entreprise avaient été fournis par les bourgeois de Paris d'abord, et ensuite par ceux des différentes villes de France ». La lettre de Louis XIII, en date du 25 octobre 1627, ne demandait aux villes de France que de fournir à chacun des assiégeants « ung habit de bure et une paire de souliers » ; et le roi taxait lui-même sa capitale « à la quantité de deux mille cinq cents de ces habits... consistant en ung pourpoint, juppe à longues basques, haut et bas de chausses de bure minime tainte en layne, et une paire de souliers ». C'était un ordre ; le Prévôt des marchands le fit exécuter ; les habitants payèrent cette modeste fourniture. On ne peut pas dire pour cela qu'ils aient sauvé la patrie. Qu'on lise dans Félibien le puéril récit des querelles de préséances auxquelles donna lieu (4 nov. 1628) le *Te Deum* chanté à Notre-Dame pour célébrer la prise de la Rochelle, et l'on reconnaîtra que l'Hôtel de Ville de cette époque, pas plus d'ailleurs que le Parlement ou les autres corps constitués, n'avait le sens bien net du patriotisme [2].

1. Voy. notamment LE ROUX DE LINCY, *Hist. de l'Hôtel de Ville de Paris*, p. 268.
2. C'est ce que LAVALLÉE a fait remarquer déjà, à propos de la guerre de Trente ans : « Ainsi la guerre de Trente ans, gloire éternelle de Richelieu et de Mazarin, qui a établi la grandeur de la France sur les bases qu'elle a encore aujourd'hui, n'a valu à ces deux ministres que des haines, des exécrations, des sarcasmes de la

Une des causes principales de cet abaissement doit être évidemment cherchée dans l'absence de liberté municipale, qui avait enlevé tout ressort aux membres du Corps de Ville. Henri IV et Louis XIII, par réaction contre l'anarchie de la Ligue, avaient réduit la municipalité parisienne à n'être plus capable d'aucune initiative, d'aucune impulsion, mauvaise ou bonne. Elle était devenue un corps neutre.

Il semble vraiment que les grands hommes soient pareils aux arbres géants dont l'ombre épaisse tue ce qui les entoure ; longtemps, ils portent jusqu'aux nues la splendeur de leur feuillage et dressent au loin leurs bras majestueux, mais quand la foudre ou la vieillesse les brise, il ne reste qu'un désert, des ruines et des ronces. Tel est le tableau qu'offrirent Paris et la France après la mort de Richelieu (3 déc. 1642), que suivit de près celle de Louis XIII, le plus qualifié des sujets du cardinal (14 mai 1643). Lorsque le ministre s'est couché dans sa gloire, rafraîchissant ses derniers regards dans le sang de ses ennemis, qu'il appelait non sans raison ceux de l'État (12 sept. 1642, exécution de Cinq-Mars et de Thou), on ne voit plus qu'une reine romanesque et dissimulée, un prêtre italien, légué par Richelieu, et un enfant de cinq ans !

A l'assaut de cette monarchie chancelante et désemparée se précipitent les grands, avides de reconquérir leur indépendance perdue ; les Parlementaires (plus que jamais désireux de mettre la couronne au greffe, et enhardis d'ailleurs par l'importance des services rendus à la régente Anne d'Autriche, qu'ils avaient débarrassée du Conseil de régence en cassant le testament de Louis XIII); enfin, le peuple lui-même, « bien débété », comme dit Guy-Patin, et

part des Parisiens, et finalement elle a été la cause de la révolte de la Fronde. La bourgeoisie, dans l'ancien régime, n'avait guère que l'amour de sa corporation et de sa ville : l'amour de la patrie est un sentiment qui ne s'est complètement développé chez elle qu'avec la Révolution. » *Histoire de Paris*, 1852, p. 40.

jaloux de restaurer ses libertés municipales. Toutes les classes de la société semblent se donner la main contre le gouvernement d'une femme et d'un homme d'Église. De là ces mouvements confus et contradictoires, ce réseau embrouillé d'intrigues et de cabales que l'histoire appelle LA FRONDE.

Au début, la marche des faits est aisée à suivre. Anne d'Autriche, tout entière à la joie de régner, met le Trésor au pillage pour satisfaire ses créatures. On paye les dettes du duc d'Orléans, on grossit l'épargne du prince de Condé, comme pour lui solder la gloire acquise par son fils, le duc d'Enghien, sur le champ de bataille de ROCROI (19 mai 1643); on rend au duc d'Épernon son gouvernement de Guyenne, au duc d'Elbeuf son gouvernement de Picardie. Il n'y a pas d'amie de la régente qui ne reçoive un monopole ou une taxe. *La reine est si bonne!* Tant de bonté finit par mettre les finances, déjà fort obérées à la mort de Richelieu, dans une situation lamentable. Le budget, qui s'élevait à 99 millions en 1642, dépassa 124 millions en 1643, et, sur ce chiffre, 48 millions constituaient, sous le nom d'acquits au comptant, des dépenses soustraites à la Chambre des comptes; la moitié au moins restait aux mains des intermédiaires. Mazarin et son protégé, le contrôleur général d'Émeri, en savaient quelque chose. Pour combler le déficit, la cour multiplia les édits bursaux, les créations et les ventes d'offices, les taxes et impôts de tout genre avec une ingéniosité qui rappelait les beaux temps de Henri III. En ce qui concerne spécialement Paris, le contrôleur général exhuma une ordonnance de 1548 qui défendait de bâtir de nouvelles maisons dans les faubourgs de la capitale. Les propriétaires furent mis en demeure de démolir leurs maisons ou bien de payer une taxe proportionnelle à la surface des terrains occupés par les constructions. C'est ce qu'on appela l'*Edit du toisé*. En face de l'irritation des intéressés et de l'appui que le Parlement leur prêta, le gouvernement réduisit à 1 million cette taxe, qui devait produire 8 millions; mais la différence fut demandée à la province. En outre, un nouvel édit décréta l'aliénation de 1 300 000 livres de rentes sur l'entrée du vin à Paris, et de 800 000 livres sur les aides et les fermes, avec répartition forcée entre les habitants les plus aisés. Le Parlement protesta encore et fit porter la charge principale de cet impôt forcé, dont le capital fut réduit à 1 500 000 livres, sur les financiers et les riches commerçants. Deux fois, Anne d'Autriche et Mazarin avaient reculé devant le Parlement; mais en mars 1644, lorsque les Parisiens saisirent la cour souveraine de leurs requêtes pour ne rien payer de la taxe sur les maisons des faubourgs, la régente, appuyée par le duc d'Orléans et le prince de Condé, défendit aux conseillers aux enquêtes de délibérer, et fit emprisonner ou exiler trois magistrats, parmi lesquels le président Barillon. Ce petit coup d'État fut suivi d'un lit de justice où le jeune roi ordonna l'enregistrement de dix-neuf édits bursaux. Le président Barillon mourut dans sa prison de Pignerol. Quelques-uns allèrent jusqu'à dire que Mazarin l'avait fait empoisonner.

Plusieurs années se passent, remplies par le bruit des armes : la cour, rassurée sur l'inconsistance de l'opposition des gens de robe, avait usé et abusé de sa victoire en tendant de plus en plus les ressorts de la fiscalité. Les Parisiens sont écrasés de charges nouvelles : augmentation des droits d'entrée sur les vins, émission de 1 million de rentes sur l'Hôtel de Ville, taxe de 800 000 livres à répartir *entre les plus aisés* sur les six corps de métiers; *tarif* général frappant toutes les marchandises entrant par terre et par eau dans Paris (oct. 1646); rachat du cens annuel à payer au domaine par tous les possesseurs de terres et de maisons dépendant de la censive du roi. Ce dernier impôt provoqua de graves désordres. Les bourgeois des rues Saint-Denis et Saint-Martin se portèrent en masse au Palais (7-9 janv. 1648). On tira des coups de fusil dans les rues, et les bourgeois firent mine d'attaquer les gardes suisses et françaises. La cour, effrayée, accorda un délai de deux ans aux censitaires, mais elle fit tenir, le 13, un lit de justice par le jeune roi pour enregistrer six édits bursaux, dont l'un créait douze nouvelles charges de maîtres des requêtes. C'était braver en face le Parlement : il releva le gant et se mit à bouleverser les édits. Une guerre de papier timbré s'engage entre les magistrats et la cour. Aux arrêts du Conseil répondent les arrêts du Parlement. Toutes les chambres demeurent assemblées en permanence à la salle Saint-Louis (15 juin), et dressent un plan de réforme de l'État. Mazarin prend peur et sacrifie le surintendant d'Émeri. Mais la détresse rend du cœur à la régente. Après la victoire de Lens, remportée par Condé (20 août 1648) sur l'archiduc Léopold, Anne d'Autriche n'hésite plus.

Il y avait sur les bancs du Parlement un vieux conseiller de soixante-quatorze ans, nommé Broussel; il était populaire à cause de sa pauvreté honorable et de la constance d'une opposition grondeuse. Le 26 août, au sortir du *Te Deum*, Comminges, lieutenant des gardes de la reine, alla saisir ce vieillard au milieu de ses cinq enfants, dans sa maison de la rue Saint-Landry, tandis que Potier de Blancmesnil, président aux enquêtes, était emmené à Vincennes. Aux cris de la vieille servante de Broussel, le peuple de la Cité se soulève, fait pleuvoir les projectiles sur les gardes, qui ont une peine extrême à emmener leur prisonnier. Derrière les troupes, le peuple tend ses chaînes et le maréchal de la Meilleraye ne se tire de la bagarre que grâce à l'intervention de Paul de Gondi, neveu et coadjuteur de l'archevêque de Paris. Anne d'Autriche se moqua de cet auxiliaire suspect et s'en fit un ennemi. Le lendemain, on aurait pu se croire revenu aux journées révolutionnaires qui avaient ensanglanté Paris, soixante ans plus tôt, et contraint le roi Henri III à s'enfuir. Le chancelier Séguier, que la reine a envoyé de grand matin au Palais pour dissoudre le Parlement et l'exiler à Montargis, est arrêté à l'entrée de la Cité, et il était mort s'il n'avait pu se jeter dans l'hôtel d'O, au bout du quai des Augustins. Délivré par les compagnies du maréchal de la Meilleraye, il monta dans le carrosse du lieutenant civil d'Aubray; mais, en passant

8

sur le pont Saint-Michel, il essuya encore une grêle de
balles : la duchesse de Sully, sa fille, fut blessée au bras,
deux autres personnes qui étaient avec lui furent tuées. On
voyait des enfants de cinq ans le poignard à la main, et, en
moins de deux heures, plus de deux cents barricades s'élevaient aux cris de *Vive le roi! Point de Mazarin!* Assemblé
dans la Grand'Chambre, le Parlement résolut d'aller en
corps au Palais-Royal pour demander à la reine la liberté
de Broussel et de Blancmesnil. Le premier président
Mathieu Molé, introduit, selon le cérémonial, avec ses collègues, déploya en vain son éloquence. Il n'obtint rien
d'Anne d'Autriche. « Il est bien étrange, s'écria-t-elle, et
bien honteux, d'avoir vu sans mot dire, du temps de la
reine ma belle-mère, le premier prince du sang à la Bastille, et de s'emporter à de telles insolences pour un conseiller au Parlement! » Mais quand le peuple de Paris vit
sortir les magistrats et apprit que leurs demandes avaient
été repoussées, il ferma les chaînes sur eux. Des forcenés,
brandissant leurs hallebardes et agitant leurs pistolets,
dirent à Molé : « Tourne, traître, ou tu es mort; ramène-
nous Broussel ou le Mazarin en otage! » Impassible, le premier président rentra au Palais-Royal et attendit la décision de la reine. Les princesses, le duc d'Orléans, Mazarin
supplièrent longtemps la régente, mais l'orgueilleuse souveraine ne répondait qu'en menaçant de faire accrocher
cinq ou six parlementaires aux fenêtres du Palais. Enfin
elle céda, sur une parole d'Henriette d'Angleterre qui pré-
disait à Mazarin la destinée de Strafford. Le cardinal fit
sceller des lettres de cachet ordonnant de délivrer Broussel,
et le Parlement en garda copie. La population voulait voir
son héros et elle resta toute la nuit en armes; Mazarin, terrifié, aurait bien voulu quitter la France. Dès 8 heures
du matin, le 28, le Parlement ouvrit son audience dans la
Grand'Chambre, et, pendant qu'on délibérait, le conseiller
Broussel arriva, escorté par tout un peuple, au son des cloches et au bruit des salves de mousqueterie. Le triomphateur reçut les compliments de ses collègues; après quoi, le

Arrestation de Broussel.

Parlement, sûr d'être obéi, rendit un arrêt portant que les barricades seraient défaites, les chaînes détendues et les armes posées. Tout se pacifia comme par enchantement et les carrosses roulèrent comme d'habitude.

Cependant ce calme n'était qu'apparent. Soutenu et poussé par le peuple, qui venait de faire l'essai de sa force, le Parlement ne se relâchait d'aucune de ses rigueurs. Il somma la régente d'assurer le payement de la moitié des rentes sur l'Hôtel de Ville et de faire remonter la remise des tailles au commencement de 1647. Enfin, il se réserva la solution de la question des droits d'entrée et se prorogea au 29 septembre, laissant la cour sans argent et sans aucun moyen de s'en procurer. Une situation aussi tendue ne pouvait se prolonger. Après mille alternatives de concessions et de résistances, Anne d'Autriche, qui avait fini par s'assurer le concours militaire de Condé et se montrait justement fière d'avoir porté la frontière française jusqu'au Rhin par le traité de Westphalie (24 oct. 1648), emmena brusquement la cour à Saint-Germain (nuit du 5 au 6 janv. 1649), où l'on s'installa sur la paille, comme au bivouac. Quand le Parlement s'assembla, le 6 au matin, il prit connaissance de toute une correspondance : lettre du roi au Prévôt des marchands qui rejetait nettement sur l'opposition des magistrats la responsabilité du départ de la cour, lettre de la reine, lettre du duc d'Orléans, lettre du prince de Condé aux mêmes prévôt et échevins. C'était l'équivalent d'une déclaration de guerre. Paris l'accepte sans se troubler, occupe les portes pour empêcher la fuite des nobles, tandis que le Parlement assure l'ordre, l'approvisionnement de la Ville. Le coadjuteur, qui avait reçu l'ordre de rejoindre la cour, organise une comédie et s'arrange pour que le peuple l'empêche de partir. A la lettre de cachet qui exile le Parlement à Montargis (7 janv. 1649), les magistrats tentent d'abord d'opposer des négociations ; mais la reine refuse de recevoir leurs députations. Alors c'est du délire : un arrêt du 8 déclare Mazarin perturbateur du repos public, ennemi du roi et de son État, et lui ordonne de quitter le royaume sous huitaine. Dans l'après-midi du même jour eut lieu une assemblée de « la police générale de la ville », où se trouvaient les députés des trois cours souveraines, de l'Hôtel de Ville et des six corps de marchands. Elle décida de lever une véritable armée; le lendemain, la reine ayant de nouveau repoussé toutes les offres de transactions, le Parlement vota des taxes sur les différentes classes de la population et se taxa lui-même à un million; chaque porte cochère dut fournir un cavalier et chaque petite porte un fantassin équipé. L'Hôtel de Ville fut chargé de délivrer les commissions pour la levée des gens de guerre.

Si une main ferme s'était trouvée là pour diriger l'insurrection, on avait une insurrection de la *Ligue*, d'une Ligue laïque, tout au moins. Certes, les chefs ne manquaient pas, et les Parisiens, qui venaient de fermer leurs portes, durent les rouvrir au flot de défenseurs qui leur arrivaient du dehors : le duc d'Elbœuf, le prince de Conti, le duc de Longueville, son beau-frère, le duc de Bouillon, le maréchal de Lamotte-Houdancourt, et enfin le duc de Beaufort, le beau et insignifiant petit-fils de Henri IV. D'Elbœuf, qui était arrivé le premier et avait gagné à la course le titre de généralissime, dut s'effacer devant le prince de Conti, le cadet du prince de Condé, l'instrument aveugle de leur sœur, la remuante duchesse de Longueville, qui prend ce moment pour accoucher à l'Hôtel de Ville [1]. Paris perd la tête en voyant tout ce beau monde, ces élégantes duchesses qui paradent sur le perron de la maison commune; mais les ducs étaient, en général, d'assez piètres généraux, et ce siège de Paris qui dure trois mois (janv., févr., mars 1649) n'a rien absolument d'héroïque. On se bat pour faire entrer des bœufs ou des farines; souvent on achète les vivres aux

---

1. L'enfant de la duchesse était un fils qui s'appela Charles Paris et porta le titre de comte de Saint-Paul. Il eut pour parrain le président Le Féron, Prévôt des marchands, et pour marraine la duchesse de Bouillon. Il mourut sans postérité, au combat de Tolhuis, le 12 juin 1672. Avec lui devait s'éteindre la maison de Longueville.

officiers de Condé. De leur côté, les ducs au service du Parlement se garnissent les mains. « Paris, dit Guy-Patin, a dépensé quatre millions en deux mois, et néanmoins ils n'ont rien avancé pour nous ; ils ont mis en leur pochette une partie de notre argent, ont payé leurs dettes, et ont acheté de la vaisselle. »

Où étaient les passions violentes de la Ligue ? Tout le monde riait dans cette guerre étrange qui semblait un prétexte à *mazarinades;* et cependant Paris et son Parlement avaient pour complices et pour alliés non seulement la plus grande partie des provinces, la Bretagne, l'Anjou, le Poitou, la Bretagne, mais encore, chose plus grave et plus triste, Turenne et le duc de Bouillon, l'archiduc Léopold et l'Espagne. Beaucoup de parlementaires éprouvaient des scrupules et respectaient la forme monarchique. Quand ils apprirent l'exécution du roi d'Angleterre, Charles Ier (9 fév. 1649), cette nouvelle les remplit d'horreur. En outre, la cour menaçait de conférer aux tribunaux inférieurs un droit de juridiction sans appel et de convoquer les *États généraux.* Tout cela explique la brusque conclusion de la PAIX DE RUEL (11 mars), qui n'était guère autre chose qu'une amnistie générale. Le peuple n'y comprenait rien. Déjà, le 27 février, aux premiers bruits des négociations, il avait failli massacrer le premier président Mathieu Molé. « Mon ami, quand je serai mort, avait répondu le magistrat à l'un de ces furieux, il ne me faudra que six pieds de terre. » Le 13 mars, lorsque « la grande barbe » reparut au Palais avec les articles de Ruel, les cris de mort recommencèrent, et l'un des chefs de l'émeute dit que, « si les rois ont fait les Parlements, le peuple a fait les rois ; qu'il est donc autant à considérer que les uns et les autres ». Le coadjuteur entendit retentir le mot de *république!* Néanmoins cette grande colère tomba et, pendant tout le mois d'avril, le Corps de Ville et jusqu'aux jurés des « six vingts métiers » firent le voyage de Saint-Germain pour présenter leurs hommages au roi et à la reine. La cour, cédant aux prières du Prévôt des marchands (entrevue du 30 juillet à

Compiègne), consentit à rentrer dans la capitale le 18 août.
Les bateliers des ports Saint-Paul et des Tournelles mirent
pour la circonstance des plumes et des rubans sur leurs
chapeaux et se donnèrent le luxe de hauts de chausse
d'écarlate chamarrés d'argent ; le cortège compta huit cents
gentilshommes et trois mille carrosses ; toutes les rues se
tendirent de tapisseries, toutes les fenêtres s'illuminèrent,
et, le soir, il y eut feu d'artifice sur la place de Grève. Le
5 septembre, la Ville donna un second feu d'artifice, suivi
de bal et de collation.

Qui avait empêché l'écrasement de Mazarin et de la reine,
sinon le prince de Condé? Telles furent cependant l'arro-
gance de ses prétentions et l'insolence de son attitude qu'il
fallut le traiter comme on n'avait traité aucun des frondeurs.
Un jour il donnait une nazarde à Mazarin en lui criant :
« Adieu, Mars » ; un autre jour, il força la reine à recevoir
un fat qui l'avait gravement insultée. Le 18 janvier 1650,
Condé fut arrêté avec son frère Conti et son beau-frère
Longueville : Guitaut, capitaine des gardes, conduisit les
princes à Vincennes. Au premier moment, les Parisiens
avaient cru qu'on s'était saisi de leur idole, le duc de Beaufort ; déjà ils arrêtaient les carrosses dans le quartier des
Halles et voulaient tout tuer, quand le duc de Beaufort se
montra ; deux mille hommes le reconduisirent à son hôtel.
Puis, lorsqu'on sut quels personnages avaient été logés à
Vincennes, la population alluma des feux de joie ; le Parlement ne souffla mot et le coadjuteur se réconcilia avec
la cour. Quant à l'Hôtel de Ville, il n'avait pas besoin de la
longue lettre qui lui fut écrite au nom du roi, pour approuver l'acte hardi de la reine. Rien n'empêcha la cour
de faire en toute sécurité un voyage militaire en Normandie,
puis en Bourgogne, pour réduire Mme de Longueville et
les derniers partisans des princes.

Mais, dans la joie du triomphe, la cour se crut tout
permis ; elle insulta le Parlement et blessa successivement
les chefs de la Fronde. Alors tous les revenants reparaissent
et Broussel débite ses harangues d'autrefois contre Mazarin.

Le 4 février 1651, les magistrats de la cour souveraine mirent la reine en demeure de signer une lettre de cachet pour le retour des princes et d'éloigner le cardinal. Monsieur avait enjoint au Prévôt des marchands et à la garde bourgeoise de n'obéir qu'à lui, et le Parlement avait étendu ces prescriptions à tous les dépositaires de la force publique. C'était, en fait, une suspension de la Régence.

Mazarin prit peur, et soudainement, le 6, à 11 heures du soir, il quitta Paris sous un déguisement et courut à franc étrier jusqu'à Saint-Germain. Là il attendit la reine et le petit roi ; mais Paris faisait bonne garde. Châteauneuf, le garde des sceaux, avait ébruité le projet d'Anne d'Autriche, et le meneur des foules, le remuant Gondi, eut bientôt fait d'appeler aux armes la milice bourgeoise et de cerner le Palais-Royal ; la régente commanda qu'on ouvrît toutes les portes et fit voir aux Parisiens le sommeil, vrai ou simulé, de l'enfant royal. Ce fut un attendrissement général (9 fév.), qui n'empêcha pas les habitants de tenir la reine et le roi prisonniers dans leur palais. Pour comble d'humiliation, Mazarin en personne va au Havre mettre les princes en liberté (13 fév.) Ils entrent à Paris le 16, et le même peuple, qui avait fait des feux de joie lors de leur arrestation, les reçut avec un prodigieux enthousiasme, par cela seul qu'ils étaient les victimes de Mazarin. Une déclaration royale innocenta les princes. Anne d'Autriche et son fils durent leur faire bon visage, tandis que le cardinal franchissait la frontière, dénoncé comme un ennemi public par des arrêts répétés.

Dans cet abaissement, la reine fut habile. Elle réussit à brouiller les deux Frondes, à séparer le duc de Beaufort de Gondi et à séduire le prince de Condé par des promesses et des faveurs qui en eussent fait, si on les avait réalisées, le maître de la France. Mais ces promesses on ne les tient pas et l'insolence de Condé devient intolérable. Anne publie un manifeste contre le prince. Le Palais de justice devient un lieu de combat. Excité secrètement par la reine, le coadjuteur, avec un poignard pour bréviaire, entre en lice contre le vainqueur de Rocroi. De là cette scène étonnante du 21 août, qui faillit faire couler des flots de sang. On vit dans le Palais quatre mille épées nues et les conseillers jouant le rôle des Sabines. Gondi, pris entre deux portes par La Rochefoucauld, allait tomber sous les coups d'un furieux si M. d'Argenteuil ne l'eût protégé. Condé au fond était vaincu, puisqu'un simple prélat lui avait tenu tête. Toutes les déclarations qu'il obtint de la reine ne pansèrent pas la blessure. Pour amuser les frondeurs et leur donner un os à ronger, on publie, le 5 septembre, une déclaration royale qui va jusqu'à accuser Mazarin de complicité avec les pirates. Mais la régente change le ministère, fait passer des secours au cardinal et, le 7, proclame avec éclat la majorité du roi, qui venait d'accomplir sa treizième année. Paris s'entasse jusque sur les toits des maisons pour voir passer la pompe du cortège; mais l'Hôtel de Ville ne joue aucun rôle dans la cérémonie. C'est au Parlement que le roi, s'étant assis sur son lit de justice, adresse ces paroles : « Messieurs, je suis venu en mon Parlement pour vous dire que, suivant la loi de mon État, j'en veux prendre moi-même le gouvernement ».

Condé n'était pas présent au lit de justice. Il voit le peuple se tourner vers la royauté qui se lève et comprend qu'il est joué par la diplomatie d'un homme d'Église et d'une femme. Laissons-le s'enfoncer dans la rébellion; égaré par sa sœur Longueville, il court de défaites en défaites, lui, le héros. Paris maintenant soutient la cour, grâce surtout au coadjuteur, qu'une lettre du roi désigne officiellement pour le cardinalat. Le Parlement oscille désorienté : il ne sait plus s'il faut défendre les droits des princes du sang, car le premier président les qualifie de « fléaux du peuple et d'ennemis de la monarchie ». Les foudres parlementaires n'empêchent pas Mazarin de rentrer en France avec une armée, levée à ses frais et portant ses couleurs. D'ailleurs Molé n'est plus là : il a rejoint la cour à Poitiers. Paris est livré à lui-même; on lui prend

impunément l'argent destiné aux rentes; il ne sent plus ni
direction ni boussole, et son navire légendaire flotte comme
au hasard. Le Parlement, après son arrêt stupide qui
ordonnait la dispersion de la bibliothèque du cardinal,
s'abstient et abdique.

On attend. Qui vient le premier? C'est Condé. Il a tra-
versé toute la France, dégoûté qu'il est de la guerre de
Guyenne; en sept jours, il est à Montargis et tombe sur les
troupes royalistes à BLENEAU (7 avril). Turenne, rallié
sincèrement à la cour depuis quelques mois, empêche
Condé d'obtenir un triomphe éclatant, mais M. le Prince
laisse là ses troupes et force le duc d'Orléans à le recevoir
dans Paris (11 avril). L'Hôtel de Ville était terrifié depuis
quelques jours par des émeutes continuelles. Des bandits,
postés sur le Pont-Neuf, arrêtaient les carrosses, et les bourgeois durent prendre les armes pour maintenir l'ordre. Il
entrait dans les intentions du prince de s'imposer aux
Parisiens par la force : ces soldats déguisés en maçons sont
des épouvantails. Cependant le Parlement montra quelque
fermeté. Aux déclarations menteuses de Condé, le président Bailleul, qui présidait en l'absence de Mathieu Molé,
répondit que la compagnie eût souhaité ne pas voir le
prince siéger en cet état, « ayant encore les mains sanglantes de la défaite des soldats du roi ». Le 19, il y eut
à l'Hôtel de Ville une grande assemblée générale, en présence de Condé et du duc d'Orléans. Elle comprenait plus
de deux cents personnes : délégués des cours souveraines,
des chapitres et communautés, des six corps de marchands
et des seize quartiers, sans parler des membres du Corps
de Ville. Condé affirma qu'il poserait les armes sitôt que
Mazarin serait sorti du royaume. Malgré l'ordre du roi,
l'assemblée fut continuée le 20 et le 22 avril. La conclusion
fut qu'on prierait le roi de revenir à Paris et d'exclure à
jamais Mazarin de ses conseils. Une députation, composée
du prévôt, de deux échevins et six conseillers de ville et
d'un certain nombre de quartiniers et de bourgeois, fut
chargée, le 23, d'aller présenter au roi ces décisions sous

forme de remontrances. On pense bien que la cour les
accueillit par des fins de non-recevoir.

Condé n'était pas homme à se contenter de phrases
creuses, d'autant qu'à la cour des Aides le président Amelot
l'avait appelé en face criminel de lèse-majesté (22-23 avril).
Les royalistes marchaient droit sur Paris, repoussant les
faibles lieutenants du prince, refoulant dans la capitale des
milliers de paysans qui amenaient avec eux leur vin et
leur bétail. Comme les fermiers de l'octroi voulaient assu-
jettir ces pauvres gens au payement des droits d'entrée,
il y eut une sorte d'émeute aux portes Saint-Antoine et
Saint-Honoré, et le Parlement rendit un arrêt, le 26 avril,
pour défendre aux commis des fermes de percevoir les
taxes sur les réfugiés. Néanmoins l'agitation persista; le
10 mai, la populace se jeta sur les archers de la Ville, qui
accompagnaient les échevins, venus au Palais, pour exposer
aux magistrats l'état de la capitale, les désarma et les
dépouilla de leurs casaques. Tous les prisonniers détenus
à la Conciergerie s'échappèrent, à la faveur du tumulte.
Une véritable terreur planait sur la capitale; toutes les
boutiques se fermèrent. On criait partout : « la paix ou la
guerre ».

Condé voulut profiter de cette exaltation populaire pour
entraîner au combat la milice bourgeoise. Il forma une
colonne dans le bois de Boulogne et, soutenu par la cavalerie
du duc de Beaufort, enleva Saint-Denis aux royalistes. Il
est vrai que Turenne reprit la place dès le lendemain. Les
princes reçurent, le 27 mai, un renfort inattendu. Charles
de Lorraine, souverain dépossédé, qui ne régnait plus que
sur une armée d'aventuriers, arriva à Lagny, fut reçu avec
joie par son beau-frère Gaston d'Orléans, puis alla s'établir
sur la Seine, au-dessus de Paris; mais le Lorrain, qui ne
songeait qu'à se vendre au plus offrant, fut cerné à Ville-
neuve-Saint-Georges par Turenne et forcé à une retraite
immédiate. Abandonnés par cet allié équivoque, les Parisiens apprirent, le 16 juin, que la cour se refusait à toute
conférence avec le Parlement. Toute la bourgeoisie rendait

la magistrature responsable de l'interruption du commerce
et de l'anarchie qui durait depuis quatre ans. Il y eut, le
25 juin, une effroyable bagarre au Palais; la foule se jeta
sur les conseillers à coups de poing et à coups de bâton;
plus de vingt-cinq personnes furent tuées ou blessées. Un
tel désordre ne pouvait durer. Turenne, ayant reçu trois
mille hommes de renfort, entreprit de tourner les positions de Condé, qui occupait Saint-Cloud et s'était vu
refuser l'entrée de Paris par le Bureau de la Ville d'accord
avec le gouverneur. Le maréchal tomba sur les troupes du
prince qui battaient en retraite vers Charenton. Condé
s'arrêta au faubourg Saint-Antoine, qu'il trouva tout
retranché, et fit tête aux royalistes (1er juillet). Turenne,
pressé par le jeune roi et par Mazarin, n'attendit pas son
artillerie et attaqua dès le lendemain, sur les 8 ou 9
heures. Ce fut une lutte homérique entre les deux premiers capitaines du monde. De la terrasse de Popincourt,
le jeune Louis XIV regardait... Pour résister aux trois
colonnes des royalistes, Condé se multipliait : « Il était
dans un état pitoyable. Deux doigts de poussière sur le
visage, ses cheveux mêlés, sa chemise sanglante, sa cui-
rasse pleine de coups, l'épée nue à la main... Il pleurait. »
Malgré l'échec de son aile droite que Saint-Maigrin avait
témérairement lancée au cœur du faubourg, Turenne avait
fini par percer au centre et à l'aile gauche. Le maréchal de
la Ferté arrivait avec des troupes fraîches. Condé était
perdu, quand soudain, vers 6 heures, la Bastille tonna et
trois volées de canons abattirent les premières files de la
cavalerie royaliste. La porte Saint-Antoine s'ouvrit (non
sans peine, car les bourgeois résistaient), et les débris de
l'armée des princes entrèrent. On les cantonna entre Saint-
Victor et Saint-Marcel. Qui avait ainsi déjoué les savantes
combinaisons de Turenne et sauvé Condé d'un complet
écrasement? Mlle de Montpensier, et elle seule, car Monsieur, simulant une maladie de circonstance, n'avait donné
a sa fille qu'un mot vague, un blanc-seing pour le Bureau
de la Ville. C'est avec ce papier que l'intrépide princesse

avait soulevé le peuple, paralysé la mauvaise volonté du maréchal de l'Hôpital, gouverneur de Paris, extorqué des ordres au Bureau de la Ville et fait tourner contre les soldats du roi le canon de la Bastille.

Condé sentait bien que Paris n'était pas avec lui. L'énergie de Mademoiselle avait failli se briser contre l'hostilité des bourgeois qui gardaient les portes. On avait une peur légitime des aventuriers qui suivaient les princes, Espagnols féroces, Flamands sans scrupule. En deux jours, ils avaient pillé tous les villages à trois lieues à la ronde. Le prince voulut régner par la terreur, et il profita de l'occasion que lui offrait la convocation de l'Assemblée générale de la Ville pour le 4 juillet. Dès le matin, par suite d'un mot d'ordre, des rassemblements nombreux se formèrent sur la place de Grève. Les agents de Condé n'avaient pas eu de peine à recruter des complices parmi les bateliers et les gagne-deniers du port. Des meurtrières avaient été percées dans les maisons de la place de Grève, et cinquante pièces de vin étaient préparées pour animer les travailleurs. A midi, l'assemblée générale s'ouvrit. Elle comprenait, comme d'habitude : le Bureau de la Ville, les conseillers, les quartiniers et les députés de chaque corps de communauté, en tout quatre cents personnes environ. Le maréchal de l'Hôpital, gouverneur de Paris, présidait. Il pria l'assemblée d'attendre le duc d'Orléans, qui avait promis de se rendre à la convocation. Un trompette vint de la part du roi remettre au Prévôt une lettre du roi qui enjoignait à l'assemblée de se séparer à l'instant. On n'en tint pas compte. Cependant, vers 8 heures, comme le duc n'arrivait pas, bien qu'on lui eût dépêché le maître d'hôtel de la Ville, la délibération s'ouvrit. Le procureur de la Ville prononça un long discours dans lequel il démontrait, à grand renfort de citations, que le peuple parisien était le plus solide rempart de la couronne. Ce discours souleva de violentes clameurs; une foule de personnes non mandées avaient déjà forcé les portes et criaient : *Union! Union!* ce qui voulait dire alliance avec les princes. Sur ces entrefaites (il était six heures) Monsieur fit son entrée avec le prince de Condé, le duc de Beaufort et une suite nombreuse. Il y eut un échange de compliments officiels; aucune parole amère. Le corps de Ville reconduisit ensuite les princes jusqu'aux portes, et c'est alors que de la troupe brillante s'éleva cette parole : « La salle est pleine de Mazarins. » En même temps les princes et leurs gens « firent grandes montres de la paille qu'ils portoient, avec des gestes qui ne pronostiquoient rien de bon ». Des émissaires distribuaient de l'argent sur la place de Grève. Déjà, depuis quatre heures, le feu avait été mis aux deux petites portes de l'arcade Saint-Jean et du Saint-Esprit. La femme du greffier de l'Hôtel de Ville avait dénoncé ce commencement d'incendie à l'assemblée, avant l'arrivée des princes, mais on ne l'avait pas écoutée. Soudain, de tous les points de la Grève, partent des coups de fusil, qui brisent les fenêtres. La grande porte de l'Hôtel de Ville résiste longtemps, défendue par quelques archers qui font bravement leur devoir. Enfin elle cède, car les gagne-deniers du port y avaient mis le feu : le cheval de la statue de Henri IV est brisé aussi. La populace entre comme un torrent, pille l'argenterie du greffe, tue le greffier et une vingtaine d'autres : Miron, colonel de la garde bourgeoise, Le Gras, maître des requêtes, Ferraud, conseiller de ville et conseiller au Parlement, l'échevin Yon et le curé de Saint-Jean en Grève. Par bonheur, les émeutiers n'étaient pas insensibles aux honnêtes profits et beaucoup de notables purent se sauver à prix d'or. Le maréchal de l'Hospital réussit à s'évader, cachant son cordon bleu dans sa poche, ayant changé d'habit avec un huissier. Chose étrange! autour de l'Hôtel de Ville, les chaînes étaient tendues et les habitants du quartier arrêtaient les secours. A l'archevêché, Gondi s'était entouré d'une garde de quatre cents hommes et avait fait de véritables préparatifs de défense. Les massacreurs n'osèrent pas affronter le doux prélat.

Cependant Condé avait atteint son but. Il y avait à l'Hôtel de Ville plusieurs centaines de morts, mais le prince

ne paraissait pas pressé d'arrêter le carnage. Quand on
vint prévenir le duc d'Orléans au Luxembourg, il était en
chemise, changeant de linge. « Mon cousin, dit-il à Condé,
allez à l'Hôtel de Ville; vous donnerez ordre à tout. »
Condé répondit avec une dure ironie : « Monsieur, il n'y a
point d'occasion où je n'aille pour votre service; cependant
je ne suis point homme de sédition; je ne m'y entends pas
et j'y suis fort poltron. Envoyez-y M. de Beaufort; il est
fort connu et aimé du peuple, il y servira plus utilement
que je ne pourrais faire. » Ce fut Mademoiselle qui se
dévoua et qui alla, à travers mille obstacles, apaiser
l'émeute. Une première fois, son carrosse accrocha la
charrette qui enlevait les morts de l'Hôtel-Dieu et elle
rentra au Luxembourg; mais, cédant aux instances de
Monsieur, elle se remit bientôt en route et, grâce à la protection de la garde bourgeoise, put arriver à l'Hôtel de
Ville. Elle y trouva le Prévôt des marchands, Lefebvre,
qui était resté impassible dans un petit cabinet, avec son
fils. On le fit partir non sans péril, car il fut poursuivi par
des furieux jusqu'à sa demeure. De son côté, le duc de
Beaufort s'occupa, au milieu de la nuit, d'arrêter le pillage
et l'incendie de la maison commune. A trois heures du
matin, guidé par le commis du greffe, il descendit dans la
salle basse du côté de la grande arche et, après avoir
constaté la violence du feu, envoya là un grand nombre de
crocheteurs et de gens de la rivière, ce qui préserva la
maison commune d'une destruction totale. Les dégâts
furent cependant considérables : toutes les vitres, toutes
les portes étaient brisées, les tapisseries volées, les tableaux
troués de coups d'arquebuse, « ce qui, dit le registre de la
Ville, devroit tirer des larmes de sang à tous les bons
bourgeois et habitans de Paris, intéressez qu'ils sont à la
conservation de l'Hostel de la Ville ».

Cette journée cruelle tuait la Fronde et la rendait
odieuse aux habitants honnêtes. Paris ne tardera pas à
tourner le dos aux princes et à mettre un papier blanc à
son chapeau pour narguer la *paille*, insigne de Condé. La

Ville était dépeuplée d'un tiers; les rentes ne se payaient plus. Il n'y avait qu'un cri : *La paix!* C'est ce cri qui chasse Condé (13 oct.) et qui ramène le roi. Le vieux Broussel, nommé Prévôt des marchands par quelques amis des princes, le 6 juillet, donna sa démission dès le 24 septembre [1]. A la suite d'une députation des dix corps des marchands de Paris que la cour accueille avec bienveillance à Pontoise (30 sept.), Lefebvre fut réinstallé, par lettre de cachet du 5 octobre, dans sa charge de Prévôt des marchands avec les quatre échevins Guillois, Philippe, le Vieux et Denison ; le maréchal de l'Hospital reprit le gouvernement de la capitale, usurpé par le duc de Beaufort. Alors Louis XIV prescrit qu'on supprime les gardes des portes et qu'on ne prenne jamais les armes à l'avenir sans son ordre. Puis, il fait son entrée à Paris, le lundi 21 octobre, sans aucun cérémonial, mais il entre comme dans une ville prise, avec son armée. Il s'installe non plus au Palais-Royal, mais au Louvre. Dans le lit de justice du 22, la liberté municipale est foulée aux pieds, de même que l'indépendance du Parlement. La milice est désarmée, les chaînes enlevées, les privilèges effacés. On fait déchirer par la main du bourreau les feuillets des registres de la Ville qui contiennent le récit des assemblées de la Fronde. Rien ne reste debout que LE ROI. Saint-Germain, puis Versailles vont supplanter Paris, en attendant l'heure où une Révolution victorieuse rendra à la capitale sa suprématie formidable.

---

1. Lefebvre, en résignant ses fonctions le 6 juillet, avait fait la déclaration suivante : « Attendu la violence publique, notoire à tout le monde qui m'oste la libre fonction de la charge de Prévost des marchands dont Sa Majesté m'a honoré, je déclare que je me retirerai de Paris et que je ne feray la fonction de la dicte charge. Faict ce cinquième juillet 1652. »

CHAPITRE VII

LA PRISE DE LA BASTILLE

L'ancien régime avait pris fin le 17 juin 1789. En adoptant le titre d'*Assemblée nationale*, les États généraux proclamaient le grand principe de la souveraineté de la nation et abrogeaient indirectement la doctrine du droit divin que Louis XIV et Louis XV n'avaient pas cessé de considérer comme la règle de tous leurs actes. Barère avait dit à ses collègues : « Vous êtes appelés à recommencer l'histoire ». Et ils la recommencent, en effet, avec une indomptable vigueur, avec un enthousiasme digne des apôtres de la liberté. En vain la cour s'abaisse à de misérables intrigues pour entraver l'œuvre de « la restauration nationale ». A la fermeture de la salle des séances, les députés répondent par le *Serment du Jeu de paume* (20 juin). A la prétention du roi (séance royale du 23) de conserver pour lui la plénitude du pouvoir législatif, ils opposent cette déclaration que l'Assemblée nationale est inviolable et souveraine ; et telle est la force du courant populaire que, dès le 27 juin, la noblesse, sur l'ordre même de Louis XVI terrifié, dut se résoudre à délibérer avec les deux autres ordres et que Bailli, qui présidait l'assemblée plénière, put dire à tous ces prélats et à tous ces grands : « Nos divisions sont finies ; la famille est complète. » Mais si les plébéiens de la bourgeoisie étaient satisfaits, les plébéiens de la rue ne l'étaient pas. Ces derniers n'avaient aucune confiance dans la loyauté de la cour, ni même dans la fermeté des représentants de la nation ou plutôt des élus du suffrage restreint. Et cette défiance, il faut le reconnaître, était réciproque. Mirabeau ne disait-il pas qu'il fallait « se garder des auxiliaires séditieux » ? Le rappel du ministre Necker n'avait nullement apaisé Paris : d'eux-mêmes, les électeurs parisiens s'étaient réunis le 25 juin chez un traiteur de la rue Dauphine, malgré la défense des autorités, et, de là, ils se transportèrent dans la salle Saint-Jean, à l'Hôtel de Ville. Le même jour, le cri *Aux armes !* se fait entendre dans les casernes, et le beau régiment des gardes françaises force la consigne pour aller fraterniser avec le peuple au Palais-Royal et protester contre la déclaration royale qui avait refusé de rien changer aux *institutions militaires*. On peut juger de l'esprit de ces institutions quand on sait — c'est Necker qui le constate — qu'au budget de ce temps-là les officiers émargeaient 46 millions et les soldats 44 ; qu'en outre, un roturier ne pouvait obtenir l'épaulette, de telle sorte que Marceau était soldat, Augereau et Hoche, sous-officiers. Le 30 juin, on apprit dans les groupes de patriotes qui, de jour en jour plus nombreux, s'assemblaient au Palais-Royal, que M. du Châtelet, colonel des gardes françaises, avait fait enfermer à la prison militaire de l'Abbaye onze gardes qui avaient refusé de charger leurs armes pour tirer sur le peuple. Le bruit courait en même temps que les prisonniers allaient être transférés, la nuit suivante, à Bicêtre, hôpital et prison, monument lugubre, que l'imagination populaire considérait comme une sorte de tombeau. Alors, les esprits s'échauffent : le journaliste Loustalot monte sur une chaise et crie : « A l'Abbaye ! A l'Abbaye ! » Quatre mille hommes le suivent, armés de barres de fer et de haches ; les hussards envoyés pour dissiper la foule remettent le sabre au fourreau et ôtent leurs casques pour boire avec les libérateurs de leurs frères d'armes. Devant cette manifestation caractéristique, toute résistance était impossible : les prisonniers sont mis en liberté et conduits en triomphe au Palais-Royal. C'était un grave événement que cette fraternité de l'armée et du peuple. On le comprit à l'Assemblée nationale, et Mirabeau fit une motion pour condamner solennellement les agitations populaires ; mais en même temps l'Assemblée invitait Louis XVI à rétablir l'ordre « par les moyens infaillibles de la clémence et de la bonté, qui étaient si naturels à son cœur ». Les gardes françaises se remirent d'eux-mêmes en prison ; puis l'ordre fut donné de les remettre en liberté. Cet ingénieux procédé était de l'invention du roi ; mais les foules parisiennes avaient fait l'expérience de leur force.

Dans l'entourage de la reine, on méditait un appel à la violence. De toutes parts arrivaient en hâte les régiments étrangers, autrichiens, allemands, suisses, et enfermaient Paris dans un cercle de fer. Le 6 juillet, le régiment Royal-Allemand, commandé par le prince de Lambesc, avait pris position à la Muette ; le Royal-Cravate était à Charenton ; le régiment de Salis-Samade à Issy ; huit canons étaient en batterie sur les hauteurs de Sèvres ; en tout, trente-cinq mille hommes s'échelonnaient entre Paris et Versailles, et les généraux de Marie-Antoinette en attendaient encore vingt mille. Pour faire face aux dépenses, on donnait l'ordre de fabriquer cent millions de billets de l'État. L'abbé de Vermond, le duc de la Trémouille ébauchaient et publiaient à voix haute des plans de répression dignes de leur génie, tandis que le duc d'Orléans, bien informé par ses agents, prenait plaisir à dévoiler aux chefs révolutionnaires tous les projets de la cour. Devant l'attitude menaçante des régiments étrangers, l'Assemblée nationale commençait aussi à s'émouvoir, et Mirabeau faisait voter une adresse, conçue d'ailleurs dans la forme la plus respectueuse, pour demander l'éloignement des troupes : « Sire, nous vous en conjurons au nom de la patrie, au nom de votre bonheur et de votre gloire, renvoyez vos soldats aux postes d'où vos conseillers les ont tirés... ». Mais la monarchie se croyait forte, et Louis XVI répondit à cette adresse que, si l'Assemblée ne croyait pas pouvoir délibérer en paix à Versailles, il la transférerait volontiers à Noyon..... Il était temps pour la cour de jeter le masque : elle s'était assuré le concours de deux hommes énergiques qui promettaient de brûler Paris, s'il le fallait : le baron de Breteuil et le vieux maréchal de Broglie.

Et pourtant, chose étrange, c'était la cour qui menaçait et elle semblait avoir peur. Tandis que la cavalerie du maréchal campait à Grenelle et que les Allemands de M. de Besenval étaient consignés à l'École militaire ; tandis que l'imprenable Bastille, gorgée de munitions, tenait les faubourgs sous la gueule de ses canons, la population parisienne écoutait dans la grande salle de l'Hôtel de Ville les motions hardies de Bonneville et de Charton qui demandaient la constitution d'une *commune* et la subordination de l'Assemblée de Versailles aux décisions des soixante districts parisiens. Dans les rues, on quêtait ouvertement pour l'insurrection ; on plongeait un espion dans le bassin du Palais-Royal ; on pourchassait les officiers et l'on offrait des bals et des banquets patriotiques aux soldats qui s'étaient échappés de leurs casernes. Par-dessus tout cela, une disette horrible ; des milliers de misérables passaient la moitié des jours à la porte des boulangeries ; un pain terreux et amer était la nourriture du peuple, et chaque jour de longues files de paysans hâves et déguenillés entraient dans la capitale.....

Enfin la cour jeta le masque ; le 12 juillet, dans l'après-midi, un messager, arrivant de Versailles, lança dans les groupes révolutionnaires qui remplissaient les jardins du Palais-Royal, cette étonnante nouvelle : Necker est exilé ; il a reçu l'ordre de quitter le ministère et le royaume. Aussitôt s'élève une clameur immense : un jeune homme, qui s'appelait Camille Desmoulins, sort du café de Foy, monte ou plutôt est porté sur une table et se met à haranguer le peuple : « Citoyens, il n'y a pas un moment à perdre. J'arrive de Versailles ; M. Necker est renvoyé : ce renvoi est le toscin d'une Saint-Barthélemy de patriotes : ce soir, tous les bataillons suisses et allemands sortiront du Champ de Mars pour nous égorger. Il ne nous reste qu'une

ressource : c'est de courir aux armes et de prendre des co-
cardes pour nous reconnaître. Quelles couleurs voulez-
vous ? » — Quelqu'un s'écria : « Choisissez. — Voulez-vous le
vert, couleur de l'espérance, ou le bleu de Cincinnatus,
couleur de la liberté d'Amérique et de la démocratie ? » —
Des voix s'élevèrent : « Le vert, couleur de l'espérance [1]. »

Alors le jeune tribun, qui n'était encore qu'un patriote
inconnu, mit à son chapeau un ruban vert qu'on lui avait
apporté et en distribua à ceux qui l'environnaient. Chacun
suivit son exemple et, arrachant une feuille aux arbres,
s'en fit une cocarde. A la hâte, les boutiques sont fermées ;
partout le cri : *Aux armes!* se fait entendre. A quatre
heures, une bande envahit l'établissement du sculpteur
Curtius, au boulevard du Temple, y prend les bustes du
duc d'Orléans et de Necker, puis les promène en triomphe.
Arrivé place Vendôme, ce cortège rencontre les dragons :
un jeune homme, vêtu d'un habit de soie, qui portait l'effigie de Necker, tombe frappé d'une balle ; mais le buste
est aussitôt relevé et la marche continue. A l'entrée de la
place Louis XV, un savoyard qui portait le buste du duc
d'Orléans est à son tour blessé au milieu de la bagarre, et
on le porte au Palais-Royal. Besenval occupait la place
Louis XV avec des forces imposantes : des hussards, des
dragons, des Suisses. Tout d'abord, il reste immobile,
contemplant le flux et le reflux des vagues populaires ;
puis la fureur l'emporte et il donne l'ordre au prince de
Lambesc de refouler la multitude vers le jardin des Tuileries, auquel on n'accédait que par un pont tournant. Les
manifestants fuient, s'entassent dans l'étroit passage, où
les dragons pénètrent à leur tour. Du haut des terrasses
pleuvent les chaises, les pierres, les débris de bouteilles.
Alors les soldats, craignant d'être tournés, perdent le sang-
froid et font feu ; le prince de Lambesc met le sabre au
clair et se précipite sur un groupe... Partout des cris, des

---

1. C'est Camille Desmoulins lui-même qui a raconté cette scène
dans le *Vieux Cordelier*, n° V.

gémissements ; vieillards, femmes, enfants sont foulés aux pieds, et les imprécations des manifestants accompagnent la retraite des troupes, qui vont reprendre leur poste près du Garde-Meuble.

Comme une traînée de poudre, la nouvelle de cette échauffourée se répand dans Paris ; les théâtres se ferment ; les armuriers livrent leurs armes ; les rixes se multiplient entre les soldats étrangers et les gardes françaises. Dociles aux excitations des meneurs populaires, notamment de Gonchon, le Mirabeau des faubourgs, les gardes françaises qui occupaient la caserne de la rue Verte, forcent leur consigne et se dirigent vers la place Louis XV pour attaquer les Suisses et les Allemands, mais ceux-ci avaient déjà opéré leur retraite, laissant la capitale livrée à elle-même. Les communications entre Versailles et Paris étant interrompues par la fermeture des barrières, la cour n'avait pu transmettre aucun ordre ni aux officiers qui commandaient les troupes étrangères, ni à MM. de Sombreuil et de Launay, gouverneurs, l'un, des Invalides, l'autre, de la Bastille. La nuit du 12 au 13 fut sinistre : le toscin sonnait à Notre-Dame et dans toutes les paroisses ; chacun se barricadait et faisait sa provision de poudre ; les barrières brûlaient.

13 JUILLET. — Quand le jour parut, le cri *Aux armes !* le bruit du tocsin et des tambours qui battaient la générale firent craindre aux bourgeois une révolution sanglante et radicale. Les quatre cents électeurs qui représentaient les soixante districts [1] s'assemblèrent dans la matinée à l'Hôtel de Ville, sous la présidence de Flesselles, prévôt des marchands. Bien que fonctionnaire royal, M. de Flesselles fut confirmé dans ses pouvoirs, ainsi que les échevins en charge ; et cette assemblée de privilégiés s'était réunie,

---

1. Il s'agit ici des électeurs nommés par les districts pour procéder à l'élection des députés de la ville de Paris aux Etats Généraux. Voy. le *Procès-verbal de l'assemblée du district du Petit-Saint-Antoine* tenue le 13 juillet 1789. Publié par M. GEORGES LECOCQ, *La prise de la Bastille et ses anniversaires.* 1881, Paris, Charavay.

chose étrange, non seulement sans opposition de la part du peuple, mais au milieu d'un universel enthousiasme. Les représentants de la bourgeoisie profitèrent de cette circonstance pour nommer un *Comité permanent* chargé d'organiser la milice parisienne, de veiller au maintien de l'ordre et de dissiper les attroupements. Ce Comité fut pris uniquement parmi les échevins et les électeurs; un seul des assistants, nommé Grêlé, réclama contre la composition étroite et arbitraire du comité : on l'en nomma membre pour le faire taire. L'Assemblée nationale, informée par courrier de ce projet d'établissement d'une *milice bourgeoise*, y donna aussitôt son approbation, en réclamant l'éloignement des troupes étrangères. Le Comité dirigé par Flesselles se proposait d'ailleurs, non pas de vaincre, mais de seconder la cour. Il prit sans désemparer un arrêté qui portait à 48 000 hommes l'effectif de la milice, supprimait les districts pour rétablir l'ancienne division en seize quartiers, formait seize légions et adoptait la cocarde rouge et bleue, les couleurs d'Étienne Marcel. On ne laissait aux districts que la nomination des officiers subalternes; le Comité nomma lui-même les officiers supérieurs et offrit le commandant général au duc d'Aumont, puis, comme il hésitait, au marquis de la Salle, qui accepta. Qui sait quelle direction eût été imprimée au mouvement, si le plan hardi de l'assemblée bourgeoise n'avait pas été déjoué par la brusque initiative du peuple parisien? Quoi qu'il en soit, les premières mesures arrêtées par l'Hôtel de Ville ne soulevèrent aucune protestation; tous les districts envoyèrent leur adhésion et indiquèrent le nombre d'hommes qu'ils mettaient à la disposition du Comité. Quelques districts tinrent ce même jour (13 juillet) des assemblées importantes : celle du Petit Saint-Antoine comprenait de 1000 à 1200 hommes, de toutes conditions. Se préoccupe-t-on dans ces assemblées d'organiser une révolution violente? Nullement : les districts prennent au contraire des délibérations qui tendent exclusivement au maintien « de la sûreté publique »; protestent contre l'at-

titude de la garde urbaine, qui ne fait rien pour mettre à
la raison « les malintentionnés » et blâment la mise en
liberté arbitraire des prisonniers détenus à l'hôtel de la
Force. Le Comité de l'Hôtel de Ville pouvait donc compter
sur l'appui d'une partie notable de la population : il avait
pour lui les gardes françaises, les soldats du guet et enfin
l'approbation expresse de l'Assemblée nationale.

Comment s'expliquer l'irrésistible poussée démocratique
qui a emporté la municipalité bourgeoise et fait craquer
de la base au faîte tout le vieil édifice monarchique? Il y a
une chose que le peuple ne pardonne jamais : c'est le mensonge, la trahison. Flesselles, le prévôt des marchands,
avait, en apparence, pris parti contre la cour. Il avait dit
aux Parisiens, en arrivant à l'Hôtel de Ville : « Je suis
votre père ; vous serez contents de moi. » Il avait demandé
aux acclamations populaires la confirmation de ses pouvoirs. Mais il était resté fonctionnaire royal, un homme de
boudoir, hautain et faux. On lui avait transmis de Versailles l'ordre d'amuser ses naïfs administrés et de gagner
du temps; car la cour, trompée par des rapports inexacts,
ne pouvait s'imaginer que des bandes sans armes oseraient
regarder en face les régiments de Besenval et monter à
l'assaut des forteresses. A ceux qui lui demandaient de la
poudre, le prévôt répond que l'arsenal est vide; et voilà
que, de cet arsenal, on voit sortir des barils de poudre que
les gens du roi se préparent à charger sur un bateau en
partance pour Rouen. Sous la pression des patriotes, le
Comité, probablement innocent du mensonge de Flesselles,
ordonne le transport des poudres à l'Hôtel de Ville, dans
le bureau des payeurs de rentes. C'est là qu'un prêtre,
l'abbé Lefebvre, s'installe avec héroïsme au milieu d'une
foule indisciplinée et procède à la distribution, qui dure
quatorze heures. Un coup de fusil, tiré par mégarde, faillit
provoquer une terrible catastrophe. Maintenant, il faut
des armes : le Comité ordonne de fabriquer cinquante
mille piques, mais cela ne suffit pas, et mille voix réclament des fusils. Flesselles en promet; il en attend de la

manufacture de Charleville. Et, en effet, des chariots traversent la place de Grève, des caisses arrivent, portant l'étiquette : *Artillerie*. On les ouvre... elles renfermaient des chiffons ! Pour se débarrasser de ceux qui protestent, le prévôt, toujours railleur, imperturbable dans sa sérénité dédaigneuse, les envoie chez les moines, aux Célestins, aux Chartreux ; mais ils n'en rapportent que des certificats authentiques par lesquels les prieurs attestent qu'il n'existe dans leurs couvents aucune arme, qu'il n'y en a jamais eu. C'était à la fin trop d'insolence, et, dès ce moment, une voix s'élève qui, dans les faubourgs, pleins d'enthousiasme et de misère, publie la trahison du prévôt. Lui cependant, sans vouloir entendre la clameur menaçante des foules, sans regarder ces maisons qui s'illuminent de clartés funèbres, comme pour la veillée d'armes de la Révolution, se fait dresser un lit à l'Hôtel de Ville et s'endort...

Tandis que le chef de la municipalité et que la cour de Versailles perdent ainsi un temps précieux, comme s'il ne s'agissait que d'un feu de paille qui s'éteint de lui-même, Paris présentait un spectacle extraordinaire. Des patrouilles bourgeoises sillonnaient les rues, des groupes se formaient, des mains se serraient ; on voyait passer des ombres qui semblaient se hâter vers un but mystérieux ; çà et là, une grande flamme éclairait ces troupes inconnues, et l'on entendait le bruit des marteaux qui retombaient sur les enclumes pour fournir au peuple ses piques de combat.

14 JUILLET. — L'aurore du 14 juillet se leva enfin. Il n'y avait aucun plan arrêté, mais chacun avait la foi : dans la matinée, un homme se présente à l'École militaire et dit à M. de Besenval, qui commandait les régiments étrangers : « Monsieur le baron, aujourd'hui les barrières seront brûlées ; n'essayez pas de l'empêcher. Vous sacrifieriez des hommes sans éteindre un flambeau. » Le gentilhomme, stupéfait, trouva que ce prophète avait *je ne sais quoi d'éloquent*, et le laissa partir. Soit qu'il ne comptât pas sur ses troupes, soit qu'il craignît la responsabilité, car le roi ne donnait aucun ordre, Besenval laissa passer,

quelques heures plus tard, les trente mille Parisiens qui allaient demander des armes aux Invalides. Guidée par le Procureur de la Ville, par le curé de Saint-Étienne du Mont et les clercs de la basoche, la foule expose doucement sa requête à M. de Sombreuil, gouverneur de l'hôtel ; mais, à l'exemple du Prévôt, le vieux courtisan essaye de ruser, de gagner du temps. Il ne nie pas l'existence des fusils, toutefois ce n'est qu'un dépôt qu'il ne peut livrer sans ordres ; un courrier va être expédié à Versailles ; qu'on attende son retour. Presque tous consentaient, mais une seule voix proteste, et cela suffit. En un clin d'œil, l'hôtel est envahi. Tel était l'empressement, que, dans les caveaux où se trouvaient les armes, plusieurs personnes périrent étouffées. A 11 heures, les Parisiens possédaient 20 canons et 28 000 fusils.

Quel usage vont-ils faire de ces armes ? contre qui, contre quoi va se lever la lourde griffe du lion populaire ? Chose étrange ! un seul cri s'élève, retentit et se propage : *A la Bastille ! A la Bastille !* Il sort, pour ainsi dire, des entrailles de cette terre de France où dorment les générations opprimées. C'est la protestation du présent contre des siècles d'arbitraire et de tyrannie. Le monument effroyable, avec ses huit tours, ses murailles de douze pieds d'épaisseur, dont les fondations plongent dans l'égout de la rue Saint-Antoine, est comme un organisme vivant, comme un monstre colossal qui pèse sur la ville et, pareil au Minotaure antique, se nourrit de la chair et du sang des hommes. Pourtant, quels griefs la grande masse du peuple avait-elle contre le lugubre édifice ? C'était une prison réservée aux nobles, aux libres esprits, aux écrivains de marque. Voltaire passe pour y avoir écrit les deux premiers chants de la *Henriade ;* le Maistre de Saci y avait traduit la *Bible :* Michelet l'appelle « la prison de la pensée ». De fait, ses plus illustres hôtes, le maréchal de Biron, le maréchal de Bassompierre, le comte de Lally, le cardinal de Rohan, Masers de Latude lui-même, étaient loin d'appartenir aux dernières classes de la société. Cela est si vrai que les

cahiers de la noblesse aux États généraux demandaient la
démolition de la Bastille. Les pauvres n'entraient pas là :
on les envoyait à Bicêtre. Et voici que les pauvres se ruent
sur les cachots où l'on détenait leurs ennemis, parce qu'il
y avait au fond des âmes les plus humbles l'intuition de
l'éternelle justice !

Depuis le 12, la Bastille était en état de défense. Le
gouverneur, Bernard-René Jourdan de Launey, né lui-
même dans la prison dont son père avait été gouverneur,
exerçait son commandement depuis 1776. C'était un homme
dur et avide. Tandis que le régime intérieur des autres
prisons s'était amélioré et adouci, la Bastille était restée la
plus dure et la plus sombre des geôles. Le gouverneur, non
content de ses appointements, qui s'élevaient à 60 000 livres, considérait ses prisonniers comme une proie, spécu-
lait sur leur nourriture ; leur vendait à prix d'or l'espace et
la lumière. Ne se faisant aucune illusion sur son impopula-
rité, de Launey croyait pouvoir impunément braver la capitale. Quinze pièces de canon étaient en batterie sur les
tours, trois pièces dans la cour intérieure, en face de la porte
d'entrée ; la place disposait de trois mille cartouches et de
plusieurs centaines de gargousses [1]. Six voitures de pierres,
de vieux boulets et de ferraille avaient été portées sur les
tours pour servir à la défense du pont. Quant à la poudre,
elle ne manquait pas, car, dans la soirée du 12 juillet,
M. du Pujet, lieutenant du roi à la Bastille et en même
temps commandant de l'Arsenal, avait fait transporter à
la forteresse les cent vingt-cinq barils dont il disposait.
Ces poudres, placées d'abord assez négligemment dans la
cour du Puits, furent cachées au fond d'un caveau, dans la
matinée même du 14. La garnison ne comprenait que
114 hommes, dont 80 invalides et 32 Suisses du régiment
de Salis-Samade, que Besenval avait envoyés du Champ-
de-Mars, le 7 juillet, à 2 heures du matin. Le côté faible

---

1. Ce sont les chiffres donnés par l'officier suisse du régiment de
Salis-Samade, dont la *Revue rétrospective* (1re série, t. IV) a reproduit
la relation.

de la défense était le manque de provisions de bouche. Les Suisses n'étaient arrivés qu'avec une ration de pain et une ration de viande. On put cependant faire entrer deux sacs de farine.

La journée du 13 avait été assez calme. Du haut des tours, la garnison aperçut seulement quelques incendies. Aucun incident ne signala la nuit du 13 au 14; à peine quelques coups de fusil tirés au hasard. Mais, aussitôt que les caves des Invalides eurent livré des armes au peuple, on put s'attendre à de graves événements. Dès le matin du 14, la foule serpente et gronde autour du vieil édifice. Camille Desmoulins avait déjà frappé la terre de sa crosse de fusil, chez le restaurateur Duval, et lancé ses amis contre la citadelle du despotisme. Le Comité de l'Hôtel de Ville, inquiet des événements qui se préparaient, se préoccupa d'empêcher l'effusion du sang. Vers 10 heures, il envoya une députation à de Launey, avec mission de lui promettre que la Bastille ne serait pas attaquée, si les canons étaient retirés et si la garnison ne commençait pas les hostilités. Cette députation, qui se composait de trois personnes : Belon, officier de l'arquebuse, Billefod, sergent-major d'artillerie, et Chaton, ancien sergent des gardes-françaises, fut cordialement reçue par de Launey, qui donna l'ordre de retirer les canons à quatre pieds des embrasures et fit déjeuner avec lui les délégués. Comme ils se retiraient, Thuriot de la Rosière, ce futur président de la Convention qui devait étouffer la voix de Robespierre, se présenta au premier pont-levis. Il venait, au nom du district Saint-Louis de la Culture, sommer le gouverneur de se rendre. Cet audacieux parlemente avec de Launey et l'intimide à tel point qu'il se fait ouvrir la grille de fer qui donnait accès dans la seconde cour intérieure, harangue la garnison, menace son chef de le jeter dans le fossé et sort, en promettant d'introduire bientôt la garde bourgeoise pour garder la Bastille avec les invalides et les Suisses. A la vérité, Thuriot fut moins heureux avec le peuple, qui croyait déjà la place conquise; et le délégué du district

Saint-Louis fut reconduit dans son quartier au milieu des menaces et des imprécations. Ce que voulaient les assiégeants, c'était non pas garder la Bastille conjointement avec les Suisses, mais la détruire de fond en comble.

Vers 3 heures, l'attaque commença. Une troupe de bourgeois et de gardes-françaises se dirige vers la première porte, escalade le corps de garde et pénètre dans la première cour. Aucune résistance ; le gouverneur n'avait mis en faction à la première porte qu'un invalide sans armes et avait prescrit de ne pas tirer sans sommation préalable. Arrivés au pont-levis qui fermait la cour du Gouvernement, les assaillants hésitent un moment, mais deux hommes déterminés, Aubin Bonnemer et Louis Tournay, brisent à coups de hache les balanciers qui retenaient les chaînes ; le pont tombe avec fracas ; bientôt la porte cède et la foule se répand dans la cour du Gouvernement, traverse le pont de pierre qui conduisait le long des cuisines au corps de place, et vient battre le second pont-levis, en criant : *Bas les ponts ! Bas les ponts !* Alors la garnison se décide à se défendre : une trentaine d'invalides, postés dans les créneaux et aux deux côtés de la porte, font une décharge qui disperse les Parisiens ; ils reculent, se réfugient dans les cuisines, à la droite du pont, ou bien se portent derrière les créneaux du chemin de ronde, d'où ils dirigent sur la place un feu nourri mais inoffensif. Une seconde tentative n'eut pas plus de succès que la première : l'officier suisse qui commandait le détachement de Salis-Samade se tenait derrière, dans la cour, avec ses trente soldats et une dizaine d'invalides. Il disposait de trois canons, braqués sur la porte. En outre, il avait fait pratiquer deux embrasures par lesquelles on passa deux fusils de rempart chargés à mitraille.

Déconcertés par cette énergie imprévue de la défense, les assiégeants s'imaginent de bonne foi que de Launey n'a laissé le peuple franchir le premier pont que pour l'attirer dans une impasse et le fusiller à coup sûr ; ils vont publier dans toute la Ville la nouvelle de la grande trahison du gouverneur et réussissent à obtenir le concours de plusieurs milliers de gardes-françaises. Pierre-Auguste Hullin, ancien horloger devenu domestique et qui portait le costume de chasseur du marquis de Conflans, se met à la tête d'une des colonnes, en disant : « Je vous ramènerai victorieux ou vous me ramènerez mort. » L'autre colonne avait pour chef Élie, officier au régiment de la reine, qui avait revêtu son uniforme et essayait de diriger cette foule ondoyante et enthousiaste. Lorsque les gardes-françaises arrivèrent au pied de la Bastille, la place tenait toujours bon. Santerre avait eu l'idée d'amener des voitures de paille devant le pont-levis et d'y mettre le feu, ce qui ne gêna pas moins les assiégeants que les assiégés. Élie réussit, non sans peine, à retirer ces charrettes et fit braquer contre la porte deux canons qu'on avait amenés de la place de Grève. C'est le seul moment où l'attaque ait été vraiment sérieuse. L'artillerie de la Bastille répondait au feu des Parisiens, qui perdirent, dans cette lutte à découvert contre d'épaisses murailles, près de deux cents hommes.

Que faisait, pendant ce temps, le Comité de l'Hôtel de Ville? Il avait brusquement perdu la confiance du peuple, si unanime, la veille, à reconnaître les pouvoirs des électeurs. Pour calmer l'impatience de la foule, l'Assemblée municipale chargea d'abord l'abbé Fauchet et deux autres délégués de se rendre à la Bastille pour décider le gouverneur à ouvrir ses portes à la milice bourgeoise; mais les signaux des parlementaires ne furent pas aperçus, et ils durent se retirer, après avoir couru de graves dangers. Une seconde députation, conduite par Éthys de Corny, procureur de la Ville, pénètre alors avec un drapeau blanc et un tambour dans la cour du Gouvernement. Les invalides, qui couronnaient les murailles, aperçoivent, cette fois, les signaux des délégués, agitent leurs chapeaux, mettent la crosse en l'air pour manifester leurs dispositions pacifiques; mais, en bas, les Suisses ne se rendirent pas compte de l'attitude des invalides et, ne voyant que les Parisiens qui s'avançaient en masse vers le pont, ils les fusillèrent à bout portant... Ce fut un immense cri de colère et d'indignation : beaucoup crurent que le Prévôt des marchands et le Comité de l'Hôtel de Ville avaient attiré le peuple dans un guet-apens. Le malheureux Éthys de Corny faillit être massacré. Des énergumènes auraient brûlé une jeune fille, Mlle de Monsigny, qu'on prenait pour la fille de M. de Launey, si un homme de cœur ne l'eût arrachée à ce bûcher improvisé et mise en lieu sûr. L'impuissance des assiégeants se traduisait par des tentatives bizarres : Santerre envoyait chercher des pompes pour lancer de l'huile d'œillet sur la place, et y mettre ensuite le feu avec du phosphore (ces pompes ne servirent qu'à lancer de l'eau, qui n'arriva pas même jusqu'aux canons garnissant les tours); un charpentier proposait de fabriquer une catapulte pour lancer des pierres contre la forteresse, à la manière antique; les officiers municipaux voulaient ouvrir la tranchée et commencer un vrai siège selon les règles de l'art.

Tous ces moyens d'attaque seraient restés inefficaces si la garnison de la Bastille avait voulu tenir jusqu'à l'arrivée des troupes royales, qui devaient attaquer Paris sur sept points à la fois, dans la nuit du 14 au 15. Les Suisses n'avaient été nullement ébranlés par la fusillade inoffensive des Parisiens; mais il n'en était pas de même des invalides. Versant à regret le sang français et fatigués de tirer, à l'abri de murailles inexpugnables, sur des patriotes dont ils partageaient peut-être les généreuses espérances, ils répétaient au gouverneur : « Il faut se rendre. » De Launey, sombre, plein de trouble, prit une résolution terrible. Il saisit une mèche de canon et s'approcha des poudres, afin de s'ensevelir sous les ruines de la citadelle séculaire et d'anéantir en partie la ville orgueilleuse qui ne tolérait plus la servitude. L'immense catastrophe se serait produite si deux sous-officiers, Jacques Ferrand et Béquart, n'eussent arraché violemment au gouverneur la mèche allumée qu'il tenait à la main. Le malheureux comprit que ses hommes refusaient de s'associer

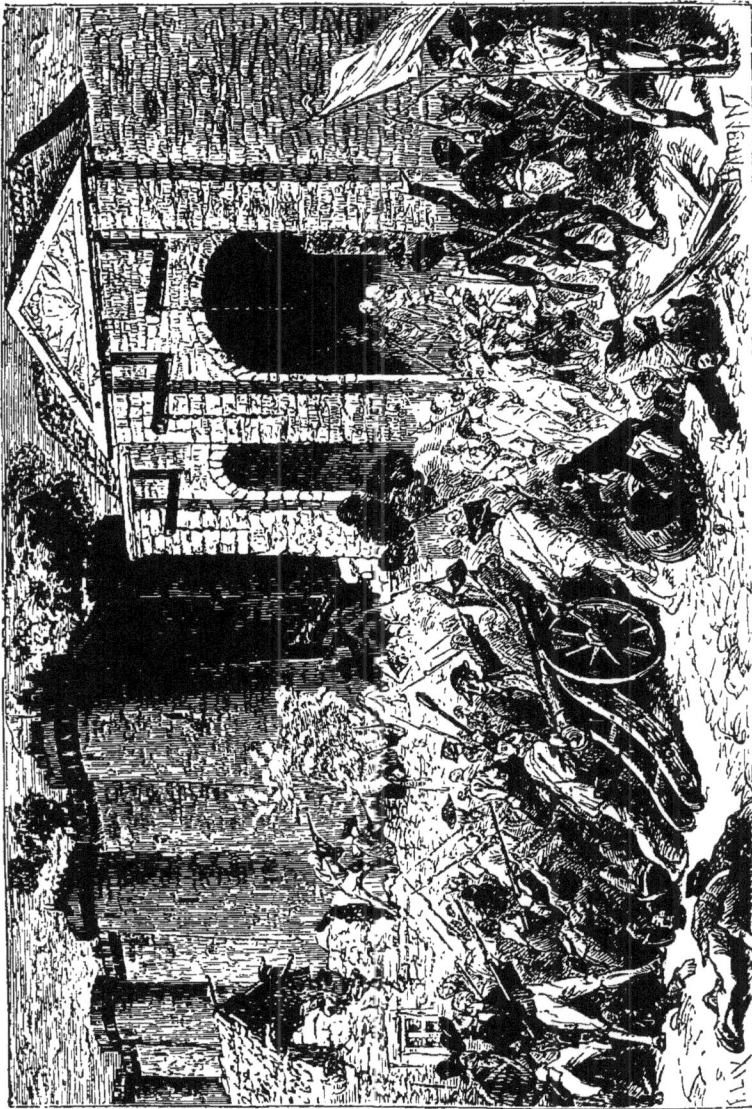

Attaque de la Bastille.

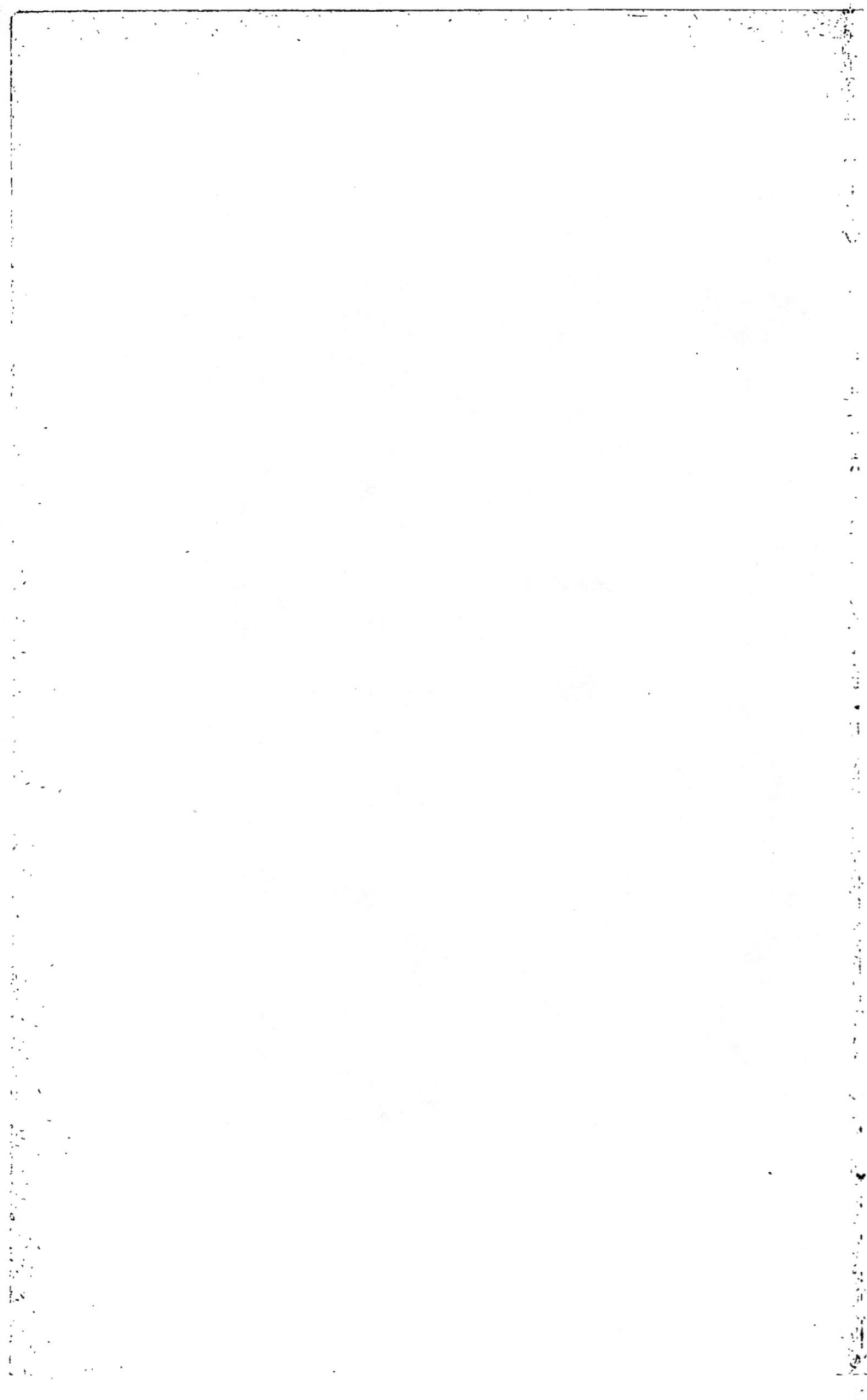

à l'héroïsme de sa haine sauvage. Il voulut se tuer : on l'en empêcha. Alors cet homme énergique est brisé : il veut capituler tout de suite, aller au-devant de la mort que les vainqueurs ne lui refuseront pas. En vain, l'officier suisse fait remarquer au gouverneur qu'on n'a encore perdu qu'un homme, que le fort n'a subi aucun dommage, que les portes sont intactes. De Launey n'entend rien ; il griffonne à la hâte un billet, qui porte que, si les assiégeants ne veulent pas accepter la capitulation, il fera sauter la place, la garnison et tous les quartiers voisins. Le Suisse obéit à l'ordre de faire passer ce billet, qu'Élie vint chercher au moyen d'une planche jetée sur la largeur du fossé. Il y eut alors une scène confuse ; la foule n'entend pas la lecture des propositions du gouverneur ; elle crie : *Bas les ponts! Pas de capitulation!* Les Suisses s'apprêtent à recommencer le feu et se rangent à gauche de la porte, quand tout à coup quatre invalides ouvrent les portes et baissent le pont..... Alors Paris entra [1].

C'était un singulier spectacle : les Suisses, chapeau bas devant ce peuple agité, les invalides applaudissant les vainqueurs. On prit les premiers pour des prisonniers, à cause de leurs sarraus de toile, et on les couvrit d'embrassements. Cela ne dura pas, du reste, car, dans le trajet de la Bastille à l'Hôtel de Ville, deux Suisses furent tués, aux côtés de leur officier. Quant aux invalides, qui avaient forcé de Launey à capituler, ils furent accablés de mauvais traitements. Le gouverneur attendait, tête nue, une canne à épée à la main. Dénoncé par un marchand, nommé Cholat, il essaya encore de se tuer. Béquard, qui avait empêché la Bastille de sauter, tomba, massacré par une foule ignorante ; un coup de sabre lui trancha le poignet, et l'on promena à travers la capitale en délire cette main qui l'avait sauvée ! Dans ces flots vivants, qui pénètrent jusqu'aux coins les plus obscurs de la vieille prison, ou bien

---

1. « La Bastille ne fut pas prise, il faut le dire, elle se livra. » MI-CHELET.

qui se répandent dans les rues, vont, viennent, s'agitent et se heurtent comme les vagues écumeuses de la mer, il faut distinguer deux courants. Il y a les naïfs et les héros; ceux-là sont généreux et bons; ils pardonnent après la victoire et ils protègent les vaincus; puis il y a les habiles, qui n'ont pas combattu, mais qui viennent exploiter la victoire et la déshonorer en la souillant de taches de sang. Hullin, Élie, ceux qui avaient exposé courageusement leurs poitrines aux balles des Suisses, les opposèrent ensuite aux groupes fanatisés qui accouraient à la curée et venaient massacrer les prisonniers désarmés qu'on conduisait à l'Hôtel de Ville. Le gouverneur, de Launey, si haï, si impopulaire, et non sans cause, était le plus menacé. De toutes parts pleuvaient sur lui les injures, les menaces et les coups. En vain, le brave Hullin, avec sa force herculéenne, se multiplia pour le couvrir et le sauver; épuisé, couvert de sang, il fut jeté sur une borne... Quand il se releva, il aperçut la tête du gouverneur qu'on portait au bout d'une pique. Deux invalides furent pendus à une lanterne. On tua encore l'aide-major Miray, rue des Tournelles; le lieutenant Person, sur le port au blé; le major de Losme, près de l'arcade Saint-Jean [1].

Pendant les derniers incidents qui avaient signalé l'attaque de la Bastille, d'autres scènes, non moins dramatiques, avaient eu pour théâtre l'Hôtel de Ville. D'abord accepté par toute la ville, puis toléré, enfin suspect, le Comité permanent fut accusé de trahison, dès que l'on eut connaissance de la dépêche du baron de Besenval qui ordonnait à de Launey de tenir jusqu'à la dernière extrémité. *Pas de comité!* cria la foule pressée dans la grande salle de l'Hôtel de Ville, et l'oligarchie des électeurs privilégiés disparut. Le Prévôt des marchands, Flesselles, qui jusque-là, debout sur une estrade, avait conservé son

1. Ce dernier eut pour défenseur impuissant un ancien prisonnier de la Bastille, nommée Pelleport : car le major de Losme s'était montré aussi humain pour les hôtes de la prison que de Launey s'était montré cruel.

grand air et sa fermeté méprisante, se troubla quand il vit
entrer les vainqueurs avec leurs sanglants trophées. Insulté
par les délégués des districts du Palais-Royal et de Saint-
Roch, défendu par quelques citoyens courageux, il consentit à suivre les accusateurs. « Eh bien ! messieurs, dit-il,
allons au Palais-Royal ! » Personne ne lui fit violence :
Flesselles traversa la salle, puis la place de Grève, sans
subir aucun mauvais traitement, lorsque, au coin du quai
Pelletier, un homme s'avança et lui cassa la tête d'un coup
de pistolet! D'où venait cet homme qui supprimait brusquement un complice de la cour auquel le peuple avait à
demi pardonné? Peut-être cût-on pu le demander à ceux
qui venaient de soustraire dans la maison du Prévôt des
papiers compromettants pour la reine; et rien n'assure
que le dernier Prévôt des marchands soit une victime de
la Révolution !

Tandis que Paris célébrait son triomphe, Versailles
organisait la guerre civile. La reine et Mme de Polignac
donnaient à boire, dans l'Orangerie, aux soldats étrangers ;
le Conseil du roi dressait la liste des députés à enlever le
soir. Toute la cour escomptait d'avance la certitude d'une
répression sanglante; mais voici qu'un messager arrive,
puis un autre, annonçant la capitulation de la Bastille et
la mort de son gouverneur, et tous les belliqueux projets
de la noblesse se dissipent comme une vaine fumée. A
Louis XVI qui, s'éveillant à demi de son lourd sommeil,
demande au duc de Liancourt : « Qu'est-ce donc? Une
émeute? » le duc répond comme l'histoire : « Sire, c'est
une Révolution! » Et là-bas, tout au fond des glaces de
Russie, les plus lointains habitants de la vieille Europe
s'écrient, en s'embrassant et en pleurant de joie : « La
Bastille est prise ! »

CHAPITRE VIII

LES TROIS GLORIEUSES
27, 28, 29 JUILLET 1830

Le Consulat et l'Empire, malgré le génie militaire du vainqueur d'Austerlitz, avaient laissé la France humiliée, abattue et mutilée. Tandis que les guerres de la République nous avaient donné le Rhin pour frontière naturelle, les bouches de la Meuse et de l'Escaut, la Suisse et la Hollande, le second traité de Paris avait fait reculer le territoire français en deçà des limites de 1790. De 1804 à 1815, plus de 1 700 000 Français étaient tombés sur les champs de bataille; deux autres millions d'hommes avaient reçu la mort, soit à titre d'auxiliaires, soit à titre d'ennemis de la France; et le résultat de toutes ces hécatombes, c'était la perte de 15 départements conquis par la République! c'était l'isolement de notre pays au milieu de voisins agrandis et pleins de haine [1]. Sans l'intervention du czar Alexandre, les alliés auraient mis la main sur l'Alsace et la Lorraine; mais il était réservé à un second Empire de compléter les désastres qui signalèrent la chute du premier. Le comte de Provence, l'aîné des frères de Louis XVI, régna sous le titre de Louis XVIII, qu'il avait pris dès la mort du jeune prisonnier du Temple. Ramené dans les fourgons de l'étranger, il appelait 1815 la vingtième année de son règne et faisait table rase de la Révolution française.

---

1. Voir : LÉONCE DE LAVERGNE, *Économie rurale de la France.*

C'est à regret qu'il *octroya* aux Français une *Charte* cons-
titutionnelle. Toutefois, il est équitable de reconnaître que,
si Louis XVIII eût été laissé à ses propres inspirations, il
aurait sans doute maintenu la monarchie restaurée dans la
voie d'une modération relative ; mais les rancunes et les
passions des anciens émigrés qui peuplaient la cour, ne
laissaient pas une entière liberté d'action à un prince
sceptique, dont les tendances personnelles correspondaient
assez bien à la fatigue du pays. En ne réprimant pas des
attentats tels que le meurtre du maréchal Brune, des
généraux Lagarde et Ramel ; en faisant passer par les
armes le maréchal Ney, l'illustre vainqueur de la Moskowa,
le colonel La Bédoyère, les généraux Mouton-Duvernet et
Chartran ; en accordant aux préfets le droit d'emprisonner,
de bannir, les Bourbons exaspérèrent à la fois les vieux
soldats de l'Empire et tous les amis de la liberté. La *Chambre introuvable* multiplia les proscriptions avec tant de
férocité, s'attaqua avec une telle violence aux quelques
libertés qui résultaient de la Charte, que Louis XVIII lui-
même, conseillé par son ministre Decazes, dut défendre son
œuvre et en appeler aux électeurs (*ordonnance* du 5 sept.
1816). Le succès justifia cet acte de fermeté. Laffitte, Dupont de l'Eure, Delessert, Casimir Perier, d'Ar-
genson, de Chauvelin représentèrent bientôt dans le Parlement une opposition libérale qui eut pour conséquences la
substitution du suffrage censitaire au suffrage à deux
degrés, le rétablissement de la conscription (loi Gouvion
Saint-Cyr des 5 février-9 mars 1818), et l'appréciation des
délits de presse par le jury (avril-mai 1819). En 1819, il y
avait déjà 90 libéraux sur 257 députés. Mais l'assassinat du
duc de Berry, le second des neveux du roi, par Louvel
(13 fév. 1820), entraîna la chute du ministère Decazes,
qui fut remplacé par un ministère Richelieu et rendit aux
ultras, groupés autour du comte d'Artois, une influence pré-
dominante. Ils en profitèrent pour obtenir des Chambres
la suspension de la liberté individuelle et le rétablissement
de la censure ; ils réussirent, malgré l'agitation des masses,

malgré la parole éloquente de La Fayette, du général Foy et de Royer-Collard, à faire passer la loi dite du *double vote*, qui rendait l'aristocratie foncière maîtresse des élections, en permettant aux plus imposés de voter deux fois.

Le ministère Villèle (déc. 1821) gouverna, au nom de la droite, dans le sens le plus rétrograde. Il prétendit même se faire le gendarme de l'Europe et intervint en Espagne pour restaurer l'odieuse tyrannie de Ferdinand VII (capitulation de Cadix, 29 sept. 1823). A l'intérieur, des mesures déplorables, telles que la suppression de l'École normale et l'attribution à l'évêque d'Hermopolis du département de l'Instruction publique, attestèrent les progrès du parti clérical. La mort de Louis XVIII (16 septembre 1824), coïncidant avec l'élection de la *Chambre retrouvée*, dont le mandat était porté à sept années, laissa le champ libre au comte d'Artois, qui prit le nom de Charles X.

Le dernier frère de Louis XVI était le type parfait de ces gentilshommes d'ancien régime qui n'avaient rien oublié ni rien appris. Dès son avènement, il donna sa mesure en faisant voter le milliard des émigrés et la *loi du sacrilège* (15 avril 1825). Si la cour ne réussit pas à rétablir le droit d'ainesse, elle obtint du moins, dans la session de 1826, la consécration du droit de substitution, qui permettait aux familles nobles de concentrer sur la tête d'un seul enfant toute la fortune patrimoniale. Le développement, l'influence croissante de l'association cléricale connue sous le nom de *la Congrégation*, et qui se réunissait rue du Bac, au séminaire des missions étrangères; la faveur accordée aux Jésuites, malgré l'arrêt de la cour royale de Paris qui déclarait leurs principes « incompatibles avec l'indépendance de tout gouvernement »; la multiplication des processions et des missions, achevèrent de courber sous la main du clergé la hiérarchie administrative. Mais ceux qui avaient conservé, en France, l'amour et le sentiment de la liberté, commençaient à se révolter contre cette faction d'inquisiteurs. La Cour des Pairs elle-même refusa de s'as-

socier à un projet de loi draconien sur le régime de la
presse (17 avril 1827). Telle fut la joie populaire, en apprenant le retrait du projet de loi ; si hostile à la réaction se
montra la garde nationale à la revue du 30, passée par
Charles X en personne, que l'autorité prononça le licenciement de la milice bourgeoise. Le rétablissement de la
censure, la dissolution de la Chambre (5 nov.), la création
de 76 pairs, destinés à faire de l'assemblée du Luxembourg une Chambre servile, furent les derniers procédés de
gouvernement du ministère Villèle. Mais les élections du
17 novembre donnèrent des résultats si défavorables à la
politique de la cour, que le roi dut se résoudre à faire le
sacrifice des hommes de son choix (5 janv. 1828).

L'administration du nouveau cabinet, dirigé par M. de
Martignac, fut comme une halte dans la marche fatale qui
entraînait aux abîmes la monarchie restaurée. Ce ministère
rendit quelque liberté à la presse (loi du 19 juin 1828),
réinstalla dans leurs chaires de Sorbonne MM. Guizot,
Cousin et Villemain, débarrassa, dans une certaine mesure,
l'enseignement national de la tutelle des jésuites, et envoya
en Morée le général Maison, avec 14 000 hommes, pour
achever la défaite des Turcs et assurer l'indépendance de
la Grèce (août-oct. 1828).

Charles X allait-il se plier aux idées de son temps et comprendre que la France voulait rester maîtresse de ses destinées? Non, ses illusions étaient incurables. Loin de soutenir M. de Martignac, qui travaillait à sauver sa couronne,
il encourageait sous main les espérances des ultras et
n'attendait qu'un prétexte pour les rappeler au pouvoir.
De son côté, l'opposition libérale trouvait insuffisantes les
concessions du ministère et ne reculait pas devant l'éven-
tualité d'une scission complète entre les hommes de l'ancien régime et les hommes de la Révolution. Combattu par
la droite, abandonné par la gauche, M. de Martignac resta
seul en face d'un prince qui n'avait jamais fait que le
tolérer.

Le 9 août 1829, Charles X confia le ministère au prince

de Polignac et à la fleur du parti clérical. Dans ce cabinet, M. de Polignac représentait l'émigration [1], M. de Bourmont la désertion à l'ennemi [2], M. de la Bourdonnaie la réaction la plus impitoyable. On ne s'occupa que de ces trois noms, qui avaient la signification d'un cri de guerre. Tandis que les journaux de la cour disaient : *Plus de concessions!* les organes du centre droit prenaient un ton menaçant. Le *Journal des Débats* fut poursuivi pour un article qui se terminait par ces mots, adressés aux nouveaux ministres : « Le peuple paye un milliard à la loi ; il ne payerait pas deux millions aux ordonnances d'un ministre !... Malheureuse France ! malheureux roi !... » Des manifestations imposantes confirmèrent, sur toute l'étendue du territoire, la réalité des émotions populaires. De nombreuses associations se formèrent pour organiser le *refus de l'impôt*. M. de Polignac, lui, ne voyait pas s'amonceler la tempête. Il prodiguait les faveurs à tous les fanatiques que la Restauration elle-même avait cassés aux gages, et, entre temps, élaborait la rédaction d'un code consulaire avec une imperturbable sérénité.

Cependant l'agitation croissait, répercutée par une presse redoutable. M. de la Bourdonnaie ayant quitté le ministère (18 nov.), pour protester contre ses collègues qui avaient fait conférer à M. de Polignac la présidence du Conseil, ce fut l'occasion d'une nouvelle campagne de la presse et d'une nouvelle série de poursuites judiciaires.

1. Le prince de Polignac (1780-1847) était fils de la duchesse de Polignac, favorite de Marie-Antoinette. Impliqué, en 1804, dans le procès de Georges Cadoudal, il avait été condamné à deux ans de prison, et il subit, à l'expiration de sa peine, une détention arbitraire de huit années, jusqu'à la chute de l'Empire. Depuis 1814, il avait été attaché à la personne du comte d'Artois. Le pape lui avait conféré le titre de prince. Ambassadeur à Londres à partir de 1823, il avait fait de vains efforts pour entrer dans le cabinet Martignac. Charles X, qui avait vu naître Polignac, lui témoignait la plus grande affection.

2. Le comte de Bourmont (1773-1846) avait passé sa vie à servir tantôt les Bourbons, tantôt Napoléon, qui l'avait nommé lieutenant général pendant la campagne de France. Le 15 juin 1815, deux jours avant Waterloo, Bourmont déserta pour aller rejoindre Louis XVIII.

Mais la magistrature elle-même abandonnait le trône, signe certain qu'il devenait chancelant. L'acquittement du *Journal des Débats* par la cour de Paris fut un gros événement (24 déc.). A la réception du 1ᵉʳ janvier 1830, la duchesse d'Angoulême, lorsqu'elle vit s'avancer vers elle le premier président Séguier, lui dit, avec un geste d'éventail : *Passez !* et le duc d'Orléans put à grand'peine consoler la Cour, en lui montrant tous ses enfants, au Palais-Royal. Le dey Hussein n'avait pas commis une plus forte inconvenance que la princesse royale. A ces attitudes, renouvelées du grand siècle, répondaient les voix menaçantes de la presse libérale. Thiers, Mignet et Armand Carrel fondaient le *National* (3 janv. 1830), et le futur libérateur du territoire lançait cette maxime, destinée à devenir célèbre : « LE ROI RÈGNE, MAIS NE GOUVERNE PAS. »

Cherchant aux embarras intérieurs une diversion militaire, le gouvernement de Charles X avait décidé d'envoyer une expédition contre les pirates barbaresques, et de forcer dans son repaire ce dey d'Alger, qu'une escadre française menaçait depuis le mois d'avril 1827. C'était là une entreprise nationale, qui, en d'autres temps, eût mérité une approbation unanime; mais, quand les libertés essentielles du pays étaient en jeu, une croisade en Afrique ne pouvait devenir populaire. Le 2 mars 1830 eut lieu l'ouverture des Chambres. Charles X, après avoir fait dire aux députés par son chancelier : *Le roi vous permet de vous asseoir*, se couvrit et prononça le discours d'usage, auquel les circonstances donnaient un caractère solennel. Après avoir annoncé la conclusion de la paix en Orient, le prince faisait connaître son intention d'obtenir du dey d'Alger une réparation éclatante, qui, « avec l'aide du Tout-Puissant, tournerait au profit de la chrétienté »; puis, haussant le ton, il termina par ces phrases menaçantes : « La Charte a placé les libertés publiques sous la sauvegarde des droits de ma couronne; ces droits sont sacrés; mon devoir envers mon peuple est de les transmettre intacts à mes successeurs. Pairs de France, députés des départements, *je ne doute pas de votre concours* pour opérer le bien que je veux faire. Vous repousserez avec mépris les perfides insinuations que la malveillance cherche à propager. Si de coupables manœuvres suscitaient à mon gouvernement des obstacles que je ne *peux* prévoir (ici le roi se reprend), *que je ne veux pas prévoir*, je trouverais la force de les surmonter dans ma résolution de maintenir la paix publique, dans la juste confiance des Français et dans l'amour qu'ils ont toujours montré pour leur roi. » En terminant la lecture de cette harangue, due à la plume du ministre Courvoisier, le roi était si agité qu'il laissa tomber son chapeau : ce fut le duc d'Orléans qui le ramassa. Il devait ramasser plus tard sa couronne.

La Chambre, dont le concours *ne paraissait pas douteux* à Charles X, manifesta aussitôt ses vrais sentiments en appelant pour la troisième fois Royer-Collard à la présidence contre les candidats du ministère, et en votant, le 16 mars, par 221 voix contre 181, un projet d'adresse où les représentants du pays disaient nettement que le « concours permanent des vues politiques du gouvernement avec les vœux du peuple n'existait pas ». De son côté, la Chambre des Pairs, malgré la récente fournée de M. de Villèle, avait formulé, dans sa réponse au discours de la couronne, une protestation indirecte contre les intentions de coup d'État qu'on prêtait aux ministres. « La France, disait la Haute Assemblée, ne veut pas plus de l'anarchie que le roi ne veut du despotisme. » Le 18 mars, Charles X, entouré des ministres et des officiers de sa maison, reçut les membres du bureau de la Chambre, qui venaient lui donner lecture de l'Adresse. Quand Royer-Collard l'eut terminée, le roi répondit par cette sèche et menaçante déclaration : « Monsieur, j'ai entendu l'Adresse que vous me présentez. J'avais le droit de compter sur le concours des deux Chambres pour accomplir tout le bien que je méditais; mon cœur s'afflige de voir les députés des départements déclarer que, de leur part, ce concours n'existe pas. Messieurs, j'ai annoncé mes résolutions dans mon discours d'ouverture de la session : ces résolutions sont *immuables;* l'intérêt de mon peuple me défend de m'en écarter. Mes ministres vous feront connaître mes intentions. » Dès le lendemain, une ordonnance royale prorogea la session législative au 3 septembre suivant.

Les royalistes affectaient une joie sans mélange. Ils répétaient avec ensemble cette phrase d'un de leurs principaux organes : « La Monarchie a vaincu ; la Révolution cesse d'être. Royalistes, applaudissons-nous! Le roi ne rendra pas son épée. » Les mandements des évêques devinrent d'une violence inouïe ; les missionnaires recommencèrent à sillonner le territoire, traînant après eux la troupe docile des fonctionnaires. Il y eut à Paris même, le 25 avril, une procession colossale, organisée par la Congrégation, sous prétexte de transporter des reliques à Notre-Dame. Toute la cour, quinze évêques, tous les curés de la capitale, quatre mille courtisans et fonctionnaires défilèrent pendant sept heures à travers les rues de Paris, depuis l'église métropolitaine jusqu'à l'Abbaye-aux-Bois, rue de Sèvres ; et l'armée escorta, par ordre, cette marche provocatrice.

Telle était l'assurance du gouvernement qu'à ce moment même M. de Bourmont, ministre de la guerre, quittait Paris pour aller prendre à Toulon le commandement du corps expéditionnaire qui était chargé de mettre à la raison le dey d'Alger (19 avril). L'accueil chaleureux que les départements du Midi firent au Dauphin, lors de l'inspection de la flotte, augmenta encore l'infatuation des courtisans. Ils ne comprenaient pas que ces acclamations s'adressaient à l'armée française et non à la monarchie. Le lendemain de la rentrée du Dauphin aux Tuileries (16 mai), le roi signait une ordonnance qui déclarait la Chambre des députés dissoute, convoquait les collèges d'arrondissement pour le 23 juin, les collèges de département pour le 3 juillet et fixait la réunion des Chambres au 3 août suivant. Mais si les élections tournaient au profit des libéraux, s'inclinerait-on devant le verdict du pays? Cette question provoqua une scission dans le sein du Conseil. MM. Courvoisier et de Chabrol se retirèrent, ne voyant que trop où M. de Polignac voulait les mener; ils furent remplacés par un magistrat-député, M. de Chantelauze, et par un ancien membre, le plus impopulaire peut-être, du cabinet de Villèle, M. de Peyronnet. Un nouveau département, celui des travaux publics, fut créé pour M. Capelle, ami du roi, un de ces anciens préfets qui se vantaient de diriger les électeurs. Les trois nouveaux ministres étaient des créatures de la Congrégation, qui tenait dans sa main toute l'administration. Dès ce moment, la lutte était ouverte. Charles X crut faire pencher la balance du côté de la couronne par une intervention personnelle qui établissait entre le souverain et le ministère la plus compromettante des solidarités. A la date du 13 juin, huit jours avant l'ouverture des collèges électoraux d'arrondissement, il adressa aux électeurs une proclamation larmoyante où l'on voyait reparaître « les immuables intentions » du prince, et qui se terminait par cette adjuration sentimentale : « Électeurs, hâtez-vous de vous rendre dans vos collèges!... Qu'un même sentiment vous anime, qu'un même drapeau vous rallie! C'est un roi qui vous le demande; c'est un père qui vous appelle. » Le 23 juin, les collèges d'arrondissement donnèrent 141 sièges aux libéraux et 50 aux royalistes. Le 3 juillet, les collèges de département firent encore perdre quelques sièges à la réaction. Enfin, le 12, les vingt départements compris dans le ressort des cours de Paris, Rouen, Orléans, Angers, Metz, Pau et Nîmes, dont les élections avaient été arbitrairement ajournées par ordonnance royale, confirmèrent l'irrémédiable défaite de la couronne. A Paris, les huit sièges à pourvoir furent attribués aux candidats de l'opposition par 7314 suffrages sur 8845 votants. En somme, pour résumer les opérations des deux séries, sur 428 députés, 270 appartenaient à l'opposition, 145 au parti ministériel, et 13 à une nuance indécise.

Qu'allait faire le cabinet? Il paraissait lié par ses déclarations antérieures, car, dans les conseils qui avaient suivi l'ordonnance de dissolution, MM. de Polignac, d'Haussez et de Montbel avaient déjà soutenu victorieusement cette thèse que, si les électeurs renvoyaient une Chambre libérale, la couronne devrait user des pouvoirs dictatoriaux que lui donnait l'art. 14 de la Charte [1]. Aussi, quand Polignac et ses collègues lui apportèrent leurs démissions, motivées par les résultats des élections, le roi refusa de les accepter (4 juillet). La question de savoir si l'art. 13 de la Charte donnait au souverain le droit de prendre les mesures nécessaires à la sûreté du pays, étant résolue d'une manière affirmative par le Conseil, Charles X engagea ses ministres « à s'occuper sans délai des moyens d'application ». M. de Peyronnet fut chargé de préparer une ordonnance modifiant le régime électoral, et M. de Chantelauze reçut mission d'élaborer une ordonnance sur la presse.

En dépit des avertissements prophétiques du czar Nicolas et de M. de Metternich, Charles X était trop absorbé dans son idée fixe pour revenir en arrière : il disait lui-même qu'il avait en 1830 les mêmes opinions qu'en 1789. M. de Polignac partageant tous les préjugés de son maître, on allait droit au conflit, avec une sécurité et une bonne foi évidentes. Deux principes étaient en présence : le droit divin et le droit populaire. Jamais situation plus nette ne s'était dessinée dans l'histoire. Quels étaient les moyens d'action des deux partis ? Celui de la cour disposait de l'armée régulière, dont l'effectif disponible ne dépassait guère 150 000, plus de 34 000 soldats bataillant alors sur la terre d'Afrique ; encore des forces importantes étaient-elles immobilisées à Toulon, pour combler les vides du corps expéditionnaire, et aux camps de Saint-Omer et Lunéville, pour surveiller les événements de Belgique. A Paris même et dans la banlieue, il n'y avait qu'environ 20 000 hommes et 48 bouches à feu, plus les gardes du corps à cheval et à pied et le régiment de gendarmerie d'élite. Si ces forces avaient été

1. Voici les termes de cet article 14 : « Le roi est le chef suprême de l'État..... ; il fait les règlements et ordonnances nécessaires pour l'exécution des lois et la sûreté de l'État. »

dirigées sur des emplacements choisis à l'avance, en vertu d'un plan bien combiné, elles auraient suffi peut-être à contenir Paris; mais Marmont, duc de Raguse, gouverneur titulaire de la division militaire de Paris et en ce moment major général de la garde royale, à qui la cour avait résolu de confier l'exécution du coup d'État, Marmont ne devait être prévenu des intentions du roi que le 27 au matin. En outre, Marmont était un mécontent; on lui avait successivement refusé le commandement de l'expédition d'Espagne, de l'expédition de Morée et de l'expédition contre le dey d'Alger. Le 26 juillet, il disait, dans la séance de l'Académie des sciences, à son collègue Arago : « En ma qualité de militaire, je serai peut-être obligé de me faire tuer pour des actes que j'abhorre et pour des gens qui, depuis longtemps, semblent s'étudier à m'abreuver de dégoûts. » Tous les officiers de la garde ayant reçu l'ordre de se rendre aux collèges électoraux dont ils faisaient partie, puis d'attendre chez eux le moment des semestres, beaucoup n'étaient pas de retour à Paris lors de la signature des ordonnances. Pas un seul des lieutenants généraux ne se trouvait à la tête de sa division. En résumé, rien n'avait été prévu afin d'opposer la force à la violation du droit, comme si M. de Polignac eût compté sur un miracle de la grâce pour dompter la grande cité.

On était arrivé au 25 juillet. C'était un dimanche. Le roi reçut à Saint-Cloud tous les courtisans, sans rien trahir de ses projets. Après la messe, le Conseil tint séance, et les ministres donnèrent successivement leur approbation aux ordonnances. Charles X, ayant pris les voix, s'apprêta à signer. Il hésita un moment, appuya sa tête blanche dans ses deux mains, puis, la relevant avec lenteur, dit ces mots : « Plus j'y réfléchis, plus je suis convaincu qu'il est impossible de faire autrement ». Et il signa; les ministres l'imitèrent.

Les ordonnances parurent dans la matinée du 26. Elles étaient précédées d'un rapport au roi, rédigé par M. de Chantelauze et qui contenait un exposé de la situation intérieure. Ce document avait le caractère d'une longue déclamation contre la liberté de la presse ; il accusait même les journalistes d'exciter les soldats contre leurs officiers et de porter à la connaissance de l'étranger les secrets de l'armement. Il montrait « les hommes paisibles, les gens de bien, les amis de l'ordre élevant vers Sa Majesté des mains suppliantes », et concluait que, les conditions ordinaires du gouvernement étant changées, le roi avait le droit et le devoir « de raffermir sur ses bases la constitution de l'État ». Le rapport se terminait par l'équivoque qui a servi à tous les faiseurs de coups d'État : « Le moment est venu de recourir à des mesures *qui sont en dehors de l'ordre légal*, dont toutes les ressources ont été inutilement épuisées ». A la suite de ce document, revêtu des signatures de tous les ministres, le *Moniteur* publiait les *cinq ordonnances* : La première suspendait la liberté de la presse et soumettait les journaux au régime de l'autorisation préalable ; la seconde déclarait dissoute la Chambre des députés ; la troisième réduisait à 238 le nombre des députés, ôtait le droit de vote aux patentés, pour le réserver aux propriétaires fonciers, enlevait à la Chambre le droit d'amendement, fixait à cinq années, au lieu de sept, la durée du mandat législatif, et substituait le renouvellement partiel au renouvellement intégral ; enfin la cinquième ordonnance faisait rentrer au Conseil d'État un certain nombre d'anciens députés et d'anciens fonctionnaires violents, tels que Franchet et Delavau, qui avaient été chefs de la police.

Comme le *Moniteur* n'était adressé qu'aux journaux, aux fonctionnaires et aux députés, la population ne connut pas immédiatement l'exécution du coup d'État de Charles X. Quant aux journalistes libéraux, ils décidèrent, dans une réunion tenue aux bureaux du *National*, que l'on rédigerait une protestation collective ; elle fut confiée à M. Thiers, qui s'acquitta de sa mission séance tenante. Revêtue de 44 signatures, cette protestation se terminait ainsi : « Le gouvernement a perdu aujourd'hui le caractère de légalité qui commande l'obéissance. Nous lui résistons pour ce qui nous concerne : c'est à la France à juger jusqu'où doit s'étendre sa propre résistance. » Il y eut dans la soirée d'autres réunions de députés et de journalistes ; mais beaucoup d'hommes politiques se réservaient. Sauf des rassemblements au Palais-Royal, une forte baisse à la Bourse et quelques cris de : *A bas Polignac !* poussés devant le ministère des affaires étrangères, la journée avait été calme. Les ministres n'avaient donné d'ordres ni au préfet de la Seine, ni au préfet de police. Charles X, qui se piquait de ne pas copier Louis XVI, avait cependant, en cette grave conjoncture, imité l'inertie de son frère. Au moment où se jouait sa couronne, il était allé chasser à Rambouillet. Parti dès 7 heures du matin, il ne revint à Saint-Cloud que vers minuit. Marmont attendait le prince pour recevoir ses ordres ; mais Charles X se borna à dire que la rente remonterait, et il ne délivra pas même au maréchal ses lettres de service, signées dès le 25. C'est seulement le 27 au matin, alors que Marmont allait monter en voiture pour faire visite à un ami, qu'il fut mandé chez le roi et invité à se rendre à Paris pour prendre le commandement des troupes, après entente avec le ministre des affaires étrangères. A midi, le duc de Raguse s'installait près du Carrousel, à l'État-major de la garde. Les troupes n'étaient même pas consignées : il fallut attendre la rentrée des soldats dans leurs casernes, et les premiers détachements ne furent prêts à agir que vers 6 heures du soir.

JOURNÉE DU 27. — L'extraordinaire incurie du pouvoir exécutif avait donné aux libéraux le temps de s'organiser pour la résistance. Pendant la nuit du 26 au 27, les rédacteurs du *Temps*, du *Journal du Commerce* et du *Journal de Paris* obtinrent de M. Debelleyme, président du tribunal de 1re instance, une ordonnance de référé ordonnant à leurs imprimeurs (qui avaient opposé un refus fictif) d'imprimer ces feuilles, attendu que les ordonnances n'avaient pas été régulièrement promulguées. L'ordonnance fut ajoutée à la protestation des journalistes. Le 27, dès le matin, on ré-

pandit à profusion dans Paris le *National* et le *Temps*, les
seuls journaux qui eussent publié ces documents. Des
ouvriers imprimeurs montaient sur les bornes pour en
donner lecture, et les groupes criaient : *Vive la Charte!
A bas les ministres!* Beaucoup de fabricants avaient mis
leurs employés sur le pavé en leur disant : « Nous n'avons
plus de travail à vous donner. » Aussi les rues se rempli-
rent-elles vite d'une foule d'hommes robustes et surex-
cités. Les scènes qui se passèrent à l'imprimerie du *National*
et à celle du *Temps*, ne contribuèrent pas peu à indigner la
population. Le préfet de police avait donné l'ordre aux
commissaires de police de mettre hors de service les presses
libérales. Au *National*, il n'y eut guère qu'un simulacre de
destruction, et la presse put travailler la nuit comme à l'ordinaire; mais au *Temps,* un rédacteur, nommé Baude,
opposa une énergique protestation au commissaire de
police et lui lut à haute voix les articles 341 et 384 du Code
pénal, qui punissent des travaux forcés l'arrestation arbitraire. Un serrurier requis s'étant retiré au milieu des
applaudissements de la foule, plusieurs autres ayant refusé
leur concours, le commissaire de police fit venir le serrurier de la guillotine, qui enfonça la porte de l'imprimerie et
brisa une presse mécanique valant 20 000 francs. La scène
se prolongea de 11 heures du matin à 6 heures du soir et
provoqua d'énormes rassemblements dans la rue Richelieu.
Mais c'est au Palais-Royal et dans les rues voisines que
l'effervescence s'était surtout manifestée. A midi, la police
et la gendarmerie avaient fait brutalement évacuer le
jardin ; la foule se replia sur la rue Montpensier et jeta des
pierres aux gendarmes qui avaient tourné le Théâtre-Fran-
çais. Vers 3 heures, les rassemblements se reformèrent
plus nombreux et plus menaçants; un escadron de cavalerie fit évacuer le Palais-Royal. Mais, rue du Lycée, le
détachement d'infanterie (une trentaine d'hommes commandés par un officier), après une vaine tentative pour
rétablir la circulation, fit feu sur le peuple. Un homme fut
tué; trois autres tombèrent grièvement blessés, et les mani-

festants se dispersèrent, en criant : *Aux armes! Vengeance!*
Tel fut le début de l'insurrection.

Les gendarmes et les lanciers profitèrent de la stupeur
causée par les premiers coups de feu pour lancer des charges
dans toutes les rues du quartier, et poussèrent jusqu'à la
rue Neuve-du-Luxembourg, où se trouvait la demeure de
M. Casimir Perier. Là, une trentaine de députés et de
journalistes délibéraient, et M. Bérard a donné une idée
exacte de l'attitude de ces conspirateurs de salon en disant :
« Je ne m'attendais pas à trouver autant de poltrons réunis ». Casimir Perier montrait notamment un trouble
étrange. Aux députations d'électeurs qui venaient demander
des chefs, il répondait : « Vous nous perdez en sortant de
la légalité ». Pendant que les députés parlaient, le peuple
agissait. La première barricade fut faite vers 5 heures, dans
la rue Saint-Honoré; elle se composait de trois grosses
voitures et allait de l'angle de la rue Richelieu à celui de
la rue de Rohan. Une autre ne tarda pas à barrer le coin
de la rue de l'Échelle; le procédé de construction était le
même : deux voitures renversées. Le duc de Raguse envoya
un de ses aides de camp avec quinze hommes, qui suffirent
pour détruire cet obstacle sans effusion de sang. Mais, si
les agents royalistes n'avaient pas été aveuglés, ils auraient
déjà remarqué des symptômes menaçants. La ligne refusait
de tirer sur le peuple, et les officiers partageaient les sentiments de leurs hommes. Un officier de la 1re compagnie
du 5e de ligne, posté sur la place du Palais-Royal, vers
4 heures, avait commandé *armes bras*, au lieu de répéter
feu; mais le même officier refusa énergiquement de livrer
les armes de la troupe et se replia sur la place Vendôme.
De pareils incidents permettaient aux libéraux de tout oser.
Dans la soirée, on commença à voir des armes entre leurs
mains. Elles provenaient, soit du pillage des boutiques d'armuriers, soit des gardes nationaux de 1827, qui avaient
conservé leurs fusils après le licenciement. A 7 heures, le
peuple promena un cadavre sur la place de la Bourse, en
criant *vengeance!* De nouvelles barricades se formèrent rue

de l'Échelle, sur l'emplacement de celle qui avait été détruite, et à la hauteur de la rue des Pyramides. Il fallut deux compagnies et des lanciers pour rétablir la circulation ; quelques soldats furent blessés. A 9 heures, les troupes rentrèrent dans leurs casernes.

Jusque-là, aucune direction n'avait été imprimée à l'insurrection, mais il y eut, dans la soirée du mardi, une grande réunion d'électeurs et de citoyens chez M. Cadet-Gassicourt, rue Saint-Honoré. Malgré le bruit de la fusillade et la difficulté de poursuivre la discussion, on décida que douze comités seraient formés dans les douze arrondissements de Paris pour organiser la résistance. Les membres des comités furent immédiatement nommés et se rendirent à leurs postes. Beaucoup des délégués appartenaient à la secte des *carbonari ;* ils mirent en pratique un de leurs procédés favoris, qui consistait dans la destruction des réverbères. De leur côté, les ministres s'étaient réunis à 4 heures chez M. de Polignac. Bien que la voiture du président du Conseil eût été assaillie par une grêle de pierres, les gouvernants ne se décidèrent à mettre Paris en état de siège que vers 10 heures du soir. Quand le général Bordesoulle se présenta devant Charles X, qui avait passé à Saint-Cloud une journée fort calme, le roi lui dit : « Ah! vous venez pour le maréchal : je l'ai envoyé à Paris ; il n'y a rien ; je l'avais autorisé à revenir, mais il a bien fait de rester. »

La nuit du 27 au 28 eut une influence décisive sur les événements. Marmont, ayant appris dans la soirée que le peuple avait désarmé plusieurs petits postes, avait cru prudent de profiter de la nuit pour faire évacuer ces postes et concentrer ses troupes par masses. Les libéraux purent donc librement continuer la destruction des réverbères, la distribution de la poudre et des cartouches et la construction des barricades. A la place de la Bourse, un corps de garde brûlait, et le rayonnement de l'incendie, qui se reflétait sur la colonnade, au milieu de ce quartier sombre et encore chaud de la bataille, produisait un effet sinistre.

JOURNÉE DU 28. — Dès 5 heures du matin, des rassemblements considérables se formèrent sur toutes les places et dans les principales rues et constataient l'évacuation de tous les postes. Le peuple se crut vainqueur et se mit partout à démolir les insignes de la royauté, à jeter au ruisseau les drapeaux blancs des mairies. On ne criait plus, comme la veille : *A bas les ministres! Vive la Charte!* mais : *Vive la liberté! A bas les Bourbons!* Sur plusieurs points : *Vive l'empereur!*

Polignac était parti à Saint-Cloud vers 5 heures pour faire signer au roi l'ordonnance de mise en état de siège ; à 9 heures, Marmont, inquiet, écrivait à Charles X : « Ce n'est plus une émeute : c'est une révolution. L'honneur de la couronne peut encore être sauvé ; demain peut-être, il ne serait plus temps.... J'attends avec impatience les ordres de Votre Majesté. » En même temps, le maréchal envoyait des courriers à Melun, Fontainebleau, Provins, Beauvais, Compiègne et Orléans pour appeler les troupes de la garde qui y tenaient garnison, et mander les régiments de Versailles et de Saint-Denis. Mais Paris prenait de minute en minute un aspect plus formidable. Le drapeau tricolore est arboré à l'Hôtel de Ville et sur les tours Notre-Dame ; le bourdon sonne le toscin. Partout s'élevaient des barricades, formées de voitures renversées, de pavés ou de tonneaux remplis de terre. Des gardes nationaux s'assemblaient en armes et occupaient les postes ; mais beaucoup de ces bourgeois, tout en étant hostiles à la monarchie cléricale, redoutaient les excès populaires. A la mairie des Petits-Pères, les gardes nationaux voulurent empêcher plusieurs citoyens de combattre. Dans les faubourgs Saint-Denis et Saint-Martin, il y avait, au contraire, un grand enthousiasme. Au quartier des Écoles, les étudiants, armés de pistolets et de fusils de chasse, partaient en guerre, et un grand nombre d'élèves de l'École polytechnique, licenciée à 10 heures, se joignirent aux insurgés. Place de la Bourse, M. Étienne Arago faisait distribuer des fusils et des uniformes qui venaient du théâtre du Vaudeville, où l'on avait joué, quelques jours auparavant, une pièce mi-

litaire, *le Sergent Mathieu*. Sur plusieurs points, on désarmait
les pompiers, on occupait les magasins de vivres, on s'emparait des poudrières. Le préfet de police, M. Mangin,
qui, trois jours plus tôt, affirmait que Paris ne « bougerait
pas », en était réduit à trembler pour la sûreté de son
hôtel. Il rédigea une proclamation qui ne put être affichée
qu'à quelques pas de la Préfecture. M. de Chabrol, Préfet
de la Seine, restait courageusement à son poste, mais,
n'ayant que douze hommes pour défendre l'Hôtel de Ville, il
avait demandé du renfort ; on lui envoya *quatre* soldats !

Marmont, comptant sur l'effet de sa lettre au roi, n'avait
pris d'abord que des mesures défensives et avait concentré
ses forces autour des Tuileries. Mais, vers les 11 heures,
M. de Polignac le fit appeler et, en présence des ministres,
remit au maréchal l'ordonnance royale qui mettait Paris
en état de siège. Dans cette situation, Marmont, qui eût con-
sidéré comme honteux d'évacuer la capitale, et qui n'avait
pas non plus à redouter une attaque du peuple contre les
Tuileries, puisque le roi était à Saint-Cloud, prit le parti
de marcher contre les insurgés. Vers midi, ne recevant
aucun ordre de Charles X [1], le maréchal divisa ses troupes
en quatre colonnes. Le général Saint-Chamans était chargé
de suivre les boulevards jusqu'à la place de la Bastille et
de contenir le faubourg Saint-Antoine ; le général Talon
devait occuper la place de Grève et se relier aux Tuileries
par le Pont-Neuf, qu'occuperait le 15e léger ; le général
Quinsonnas avait pour objectif le marché des Innocents ;
et le général de Wall eut l'ordre de s'établir à la place des
Victoires. La cavalerie appelée de Versailles, l'infanterie
venant de Rueil et de Saint-Denis, devaient rester en réserve
aux Champs-Élysées. Il fut prescrit aux généraux de n'employer l'infanterie qu'en cas de résistance et de ne faire

1. Le duc de Raguse a écrit lui-même qu'il avait « expédié dix
courriers à Saint-Cloud ». Et il ajoute : « Je ne recevais aucune
réponse. » *Mémoire justificatif du maréchal Marmont, duc de Raguse.*
Amsterdam et Paris. Chez les marchands de nouveautés. 1830,
15 pages.

usage des armes à feu qu'après avoir essuyé la fusillade des insurgés. Ces instructions données, les colonnes se mirent en marche, chassant avec assez de facilité les groupes qui obstruaient les rues; mais les rassemblements se reformaient derrière les troupes, et les barricades ne tardaient pas à être relevées. Des fenêtres de chaque maison pleuvaient les pavés, les bûches, les tuiles, les bouteilles, les débris de fonte. Il n'y avait d'ailleurs aucun ordre dans la résistance; « cette bataille, dit un contemporain [1], avait pour général en chef l'intelligence publique ». Les 28 ou 30 députés qui s'étaient réunis à midi chez M. Andry de Puyraveau se bornèrent à nommer une Commission de cinq membres pour obtenir une trève du duc de Raguse et à entendre la lecture d'une pâle protestation de M. Guizot contre les ordonnances. A ceux qui disaient, comme M. Mauguin : « C'est une révolution que nous avons à conduire; il faut désormais prendre parti entre le peuple et la garde royale », MM. Charles Dupin et Sébastiani répondaient : « Si l'on fait le moindre acte qui sorte de la légalité, nous nous retirons à l'instant même ». Il y eut deux autres réunions dans la journée du 28, l'une à 4 heures chez M. Bérard, l'autre à 8 heures chez M. Andry de Puyraveau. Huit députés seulement s'y rendirent; l'influence de Sébastiani les empêcha de prendre aucune résolution collective, mais La Fayette, Laffitte et Mauguin se promirent de relever dès le lendemain le drapeau tricolore ou de mourir avec le peuple.

Au moment même où ces trois hommes, découragés par la piètre attitude des notabilités bourgeoises de la Chambre, ne songeaient plus qu'à faire une belle fin, la monarchie était moralement vaincue par le soulèvement spontané de la capitale. Que s'était-il passé? Résumons les incidents qui avaient signalé la marche des quatre colonnes royalistes.

---

1. *Bataille de Paris en juillet 1830*, par le lieutenant général ALLIX. Paris, 1830.

Le général Saint-Chamans put suivre l'itinéraire qui lui avait été tracé sans rencontrer une grande résistance. Il essuya cependant une fusillade assez nourrie vers la porte Saint-Denis et à la sortie du faubourg Saint-Antoine. Il y avait là plusieurs barricades, qui furent assez mollement défendues : les habitants se mêlaient aux soldats, et le général distribua des aumônes. A 5 heures, après être restée longtemps sur ses positions, cette colonne traversa une seconde fois la place de la Bastille et se dirigea vers les Tuileries en passant par le pont d'Austerlitz et les boulevards neufs jusqu'à l'esplanade des Invalides. Vers 11 heures du soir, elle arrivait à la place Louis XV. Le général de Wall avait accompli sa mission avec moins de peine encore ; sa promenade militaire de la place Vendôme à la place des Victoires ne fut troublée que par des escarmouches insignifiantes dans les environs de la Banque de France. Il put regagner dans la soirée ses quartiers de la place Vendôme. Mais les étapes des deux autres colonnes avaient été beaucoup plus sanglantes.

Le général Quinsonnas, dont l'objectif était le marché des Innocents, avait reçu l'ordre d'éclairer la rue Saint-Denis ; il détacha de ce côté le colonel de Pleineselves, avec un seul bataillon. Cet énergique officier enleva plusieurs barricades au milieu d'un feu terrible et d'une grêle de projectiles ; mais, près de l'église Saint-Leu, il reçut une blessure dont il devait mourir quelque temps après. Malgré ses souffrances, il se fit porter sur un brancard et continua de commander ses soldats jusqu'à la porte Saint-Denis. Quant au général Quinsonnas, il parvint à s'établir, sans trop de difficultés, au marché des Innocents, mais, arrivé là, il fut pour ainsi dire emprisonné au milieu des groupes armés et dut faire demander des renforts au maréchal Marmont par l'intermédiaire d'un aide de camp qui se déguisa en faubourien. Une première colonne, venue du Pont-Neuf, ne réussit pas à débloquer le général et regagna sa position. Le colonel de Maillardoz, avec un bataillon suisse de la garde, reçut l'ordre de faire une nouvelle tentative. Sa marche à travers la rue de la Monnaie, la pointe Saint-Eustache, la rue Montorgueil et la rue Mandar fut signalée par une série de luttes héroïques; l'acharnement était égal des deux côtés. Lorsque le bataillon atteignit enfin le marché des Innocents, il avait perdu 97 officiers ou soldats, sur un effectif de 500 hommes. Ce renfort sauvait le général Quinsonnas, mais il fallut livrer un nouveau combat pour se dégager de la rue Saint-Denis et regagner le quai de l'École par la place du Châtelet.

Le général Talon n'avait pas rencontré moins d'obstacles. Dès le début, il s'était convaincu que la ligne ne tirerait pas la première sur le peuple. Un commandant du 15e léger avait formellement refusé d'être l'agresseur. Quand le général arriva sur la place de Grève, l'Hôtel de Ville était occupé par l'émeute; le drapeau tricolore flottait au beffroi, et le tocsin sonnait. Il fallut du canon et trois charges de cavalerie pour balayer la place et s'emparer de la maison commune. Les troupes. ne tardèrent pas à y être assiégées à leur tour. Abrités par les parapets du quai de la rive gauche, les insurgés tiraient sans relâche, et des colonnes poussaient à chaque instant des pointes hardies par les rues, les quais et par le pont suspendu. S'avançant sur ce passage découvert, un jeune homme qui portait un drapeau tricolore s'écria : « Si je meurs, souvenez-vous que je m'appelle Arcole. » Il tomba sous une grêle de balles et ses compagnons donnèrent au pont de la Grève ce nom, déjà fameux, d'Arcole [1]. Ce n'est qu'à 11 heures que le feu cessa entièrement. Alors le général Talon fit charger les blessés dans des cabriolets — on n'en avait que trois — et sur les épaules de leurs camarades, puis, sans munitions, entreprit de se frayer un passage à la baïonnette; mais, à sa grande surprise, il trouva les barricades abandonnées et put librement opérer sa retraite par le pont Notre-Dame et le Pont-Neuf, où les compagnies du

---

1. Les gravures populaires ont reproduit ce fait d'armes, qui n'est pas absolument prouvé par des témoignages authentiques.

15e léger se tenaient l'arme au pied depuis le matin. Ainsi, vers minuit, le duc de Raguse avait encore sous la main les troupes qu'il avait lancées contre les barricades, mais, sauf le Louvre, les Tuileries et leurs abords, les Parisiens restaient les maîtres de Paris ; de plus, les régiments de la garde étaient décimés, épuisés de fatigue et de faim, tandis que les régiments de ligne pactisaient de cœur avec la cause populaire. On peut facilement s'imaginer l'état moral et physique de la troupe, quand on sait qu'elle n'avait pas mangé depuis le matin ; qu'elle avait combattu avec de lourds uniformes, par une température de 35 degrés centigrades, et que, la manutention étant prise depuis 3 heures, on eut toutes les peines du monde à se procurer dans la nuit des quantités de pain fort insuffisantes. Si encore les malheureuses victimes du devoir militaire, qui se battaient pour une cause perdue, avaient trouvé, en rentrant aux Tuileries, le roi et le Dauphin pour les animer de leur présence, elles auraient moins regretté leur inutile sacrifice, mais elles apprirent, en regagnant leurs quartiers, que Charles X jouait au whist à Saint-Cloud !... Aux dépêches de Marmont, qui ne dissimulait pas que la situation devenait de plus en plus grave, et conseillait d'accepter les ouvertures faites par Casimir Perier et Laffitte, sur la base du retrait des ordonnances, le vieux prince répondit verbalement : « Dites au maréchal de tenir bien, de réunir ses forces sur le Carrousel et la place Louis XV, et de n'agir qu'avec des masses ». Le prince de Polignac, qui, pendant toute la journée, était resté en permanence aux Tuileries avec ses collègues, faisait preuve des mêmes illusions. Un des aides de camp du maréchal annonce avec émotion au président du Conseil que la troupe de ligne fraternise avec le peuple. « Eh bien, répond Polignac impassible, il faut tirer aussi sur la troupe. »

En cette journée du 28 juillet, la plupart des députés libéraux avaient eu une attitude bien molle et bien équivoque ; pendant que le peuple donnait son sang à la cause du droit, ils signaient une pâle protestation rédigée par

M. Guizot et envoyaient une députation au duc de Raguse pour obtenir une trêve, en attendant que les représentants de Paris pussent exposer au roi leurs *doléances*. Le mot est de Casimir Perier. M. Dupin se cachait : les généraux Gérard et Sébastiani ne prirent part aux trois réunions qui se tinrent dans la journée du 28 que pour désorganiser la résistance et dire qu'il fallait attendre les concessions du pouvoir. La Fayette et Laffitte, arrivés à Paris le mardi soir, montrèrent plus d'énergie ; mais le 28, à la fin de la dernière séance tenue chez M. Andry de Puyraveau, quatre ou cinq députés seulement voulaient prendre des fusils et relever le drapeau tricolore. Encore ne songeaient-ils pas à rendre la liberté à la nation, mais à transporter le trône d'un Bourbon à un autre Bourbon. Laffitte avait dit à la députation des cinq commissaires chargés d'aller négocier avec le duc de Raguse : « Nous commençons une pièce en deux actes dont le dénouement sera la royauté du duc d'Orléans : nous allons faire des propositions d'arrangement ; on les acceptera ; ce sera le premier acte. Ensuite les Chambres s'assembleront ; elles prononceront la déchéance de Charles X et appelleront au trône le duc d'Orléans : ce sera le second acte ; et la pièce sera finie [1]. »

Journée du 29 juillet. — Par suite de la concentration des troupes autour du Louvre et dans les Champs-Élysées, la population parisienne avait pu employer toute la nuit à fortifier les barricades. *Demain il fera chaud*, disaient les ouvriers. A une heure du matin, La Fayette visita plusieurs quartiers et encouragea les défenseurs de la liberté. Les gardes nationaux se réunissaient en armes, et les élèves de l'École polytechnique vinrent se grouper en uniformes sur la place de l'Odéon. Au quartier général, Marmont, découragé, inclinait de plus en plus à une transaction. Il convoqua les maires de Paris aux Tuileries et rédigea une proclamation pour offrir à l'insurrection une suspension des

---

1. *Chronique de juillet 1830*, par Rozet. Paris, 1832, 2 vol. in-8°, p. 219.

hostilités. Les ministres n'avaient plus leur assurance hautaine. Lorsque deux pairs de France, MM. de Sémonville et d'Argout, vinrent, à la première heure de la matinée, les inviter à se rendre à Saint-Cloud pour offrir leur démission et retirer les ordonnances, M. de Polignac opposa seul quelque résistance. Marmont fut sur le point de consentir à l'arrestation des ministres, mais il préféra les laisser partir à Saint-Cloud, et envoya M. de Girardin expliquer au roi l'état des choses. En même temps, il priait quatre magistrats municipaux, MM. Hutteau d'Origny, maire du X⁰ arrondissement, Duvivier, son adjoint, Petit, maire du II⁰, Delagonde, adjoint du XI⁰ (les seuls qui eussent répondu à la convocation), d'obtenir du peuple qu'il observât une sorte d'armistice jusqu'à ce que la réponse du roi fût parvenue à l'état-major. Mais tous ces manèges disparurent dans l'immensité du soulèvement populaire. Partout les Parisiens se préparaient à donner le coup de grâce à la monarchie. La population du Gros-Caillou se portait sur l'École militaire pour couper les communications des troupes avec le pont d'Iéna ; des groupes menaçaient le Louvre par le pont des Arts ; d'autres essayaient de tourner les Tuileries en s'emparant de la Chambre des députés. Une colonne d'attaque se forme au débouché de la rue du Bac et engage une fusillade avec les Suisses du pavillon de Flore. Longtemps sans doute les défenseurs de la royauté auraient pu tenir, à l'abri des murailles et des grilles, si un événement grave n'était survenu. Sollicités avec instance, par la foule qui les entourait, de faire cause commune avec le peuple, les 5ᵉ et 53ᵉ de ligne, qui occupaient la place Vendôme, finirent par se laisser ébranler et allèrent défiler devant les députés réunis chez M. Laffitte. Les positions de l'armée royaliste étaient découvertes sur le flanc gauche. Marmont fit sortir des Tuileries le 15ᵉ léger et le 50ᵉ de ligne pour éviter une défection probable, et prescrivit à M. de Salis, colonel du régiment suisse, qui défendait avec un bataillon la colonnade du Louvre, de concentrer ses hommes, pendant qu'un autre bataillon suisse, posté dans la cour du Louvre, recevait l'ordre de filer sur les Tuileries. Les Parisiens, ne voyant plus d'adversaires devant eux, se font ouvrir les portes par les gardiens et envahissent les galeries, tandis que d'autres combattants se précipitent dans la direction du Carrousel. Marmont n'a que le temps de monter à cheval pour arrêter la poursuite des vainqueurs et concentrer ses soldats éperdus dans le jardin des Tuileries. Il était midi. Le palais des rois de France restait à la merci du peuple. Quelques citoyens, guidés par le colonel Joubert, enfoncèrent la porte du pavillon de Flore et, longeant les appartements du rez-de-chaussée, qui étaient vides, allèrent planter le drapeau tricolore au-dessus du pavillon de l'Horloge. Puis la foule entra. Deux jeunes gens, ayant enfoncé la porte de communication entre le Louvre et les Tuileries, crièrent : *Vive la Charte!* par la fenêtre de la chambre du roi, et c'est ainsi qu'on sut que les Tuileries étaient prises. Les objets d'art furent respectés : quelques gamins coupèrent seulement en effigie la tête des maréchaux impopulaires et s'amusèrent à se parer du chapeau à plumes de Charles X. On vit un chiffonnier drapé dans une robe bleue de la duchesse d'Angoulême.

Oubliant de dégager plusieurs compagnies qui étaient cernées dans quelques maisons du faubourg Saint-Honoré et qui moururent héroïquement, Marmont continuait sa retraite vers Saint-Cloud, par la barrière de l'Étoile et la rue de Chaillot. Il venait de prendre position au faubourg du Roule après un assez vif engagement, quand il reçut du Dauphin une lettre qui débutait ainsi : « Mon cousin, le roi m'ayant donné le commandement en chef de ses troupes, je vous donne l'ordre de vous retirer avec toutes les troupes sur Saint-Cloud ». Le Dauphin prescrivait aussi au maréchal d'emporter toutes les valeurs du trésor royal, mais cet ordre arrivait trop tard. On avait même dû laisser à l'état-major les sommes destinées aux gratifications des troupes.

Paris triomphait : la prise de la caserne de Babylone fut le dernier incident militaire de la journée. Elle fut atta-

Prise du Louvre.

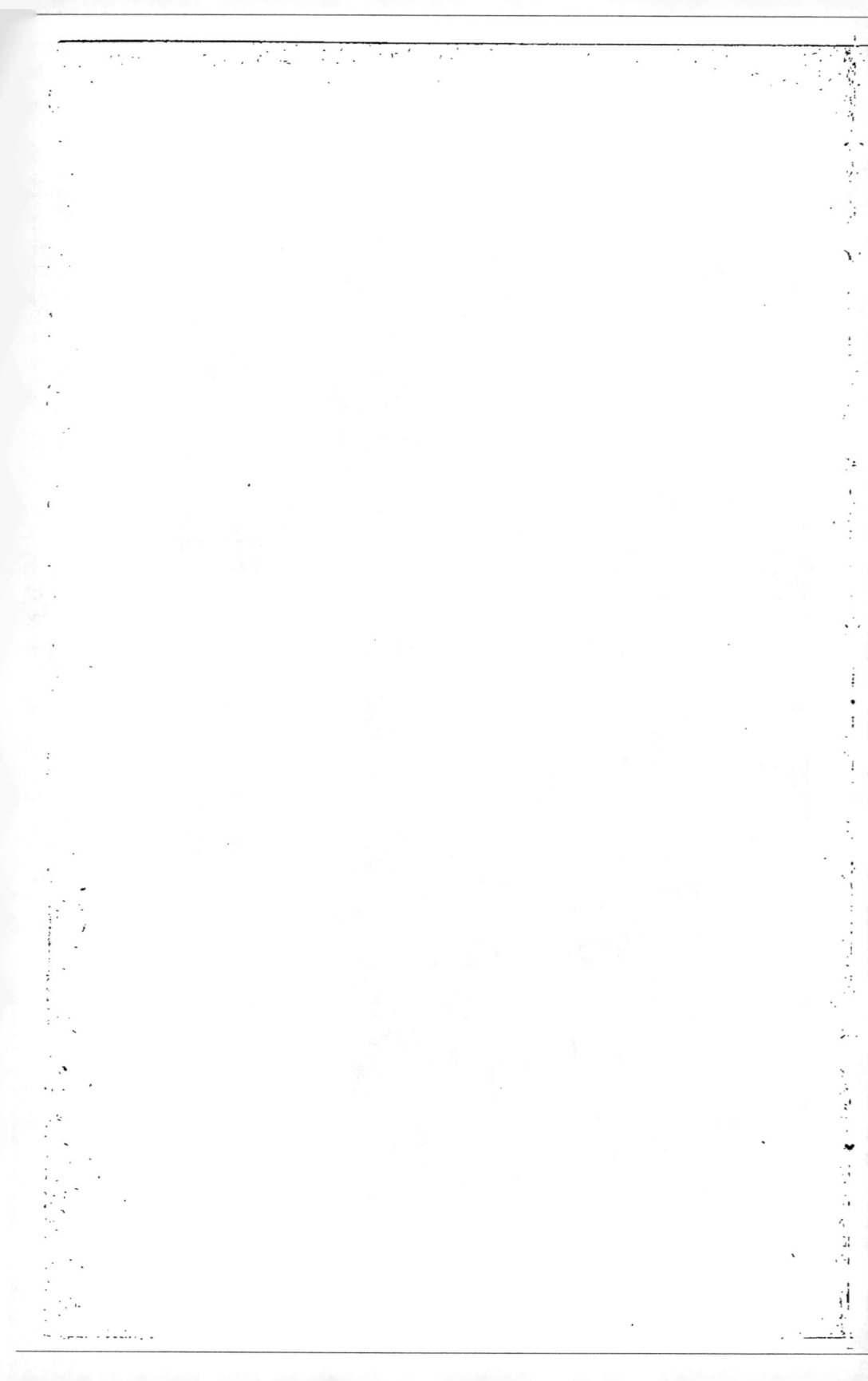

quée presque en même temps que le Louvre, vers midi. Des élèves de l'École polytechnique, Charras, Vanneau, Lacroix, d'Ouvrier, guidaient les combattants de la rive gauche. La caserne n'était défendue que par 150 Suisses, mais leur commandant, le major Dufay, leur communiqua son énergie, et l'on ne brisa la résistance de ces obstinés qu'en incendiant la porte au moyen d'une charrette de paille. Le major et un certain nombre de ses hommes refusèrent de se rendre et se firent tuer ; les autres s'échappèrent ou furent faits prisonniers. Il y eut peu de violences ; beaucoup de citoyens sauvèrent ou cachèrent les Suisses ou les gendarmes. Ce flot populaire, qui traversait tous les palais, ne laissa presque pas de ruines derrière lui. Quelques détenus avaient réussi à s'évader de la Conciergerie et s'étaient introduits aux Tuileries pour voler. On les maltraita rudement ; l'un d'entre eux fut même fusillé parce qu'on avait trouvé sur lui des pierres précieuses. C'était un spectacle étrange que ces faubouriens en haillons montant la garde dans des appartements dorés. Plus de 10 millions furent respectés à l'Hôtel de Ville, un million à la Préfecture de police ; l'argenterie du château, les ornements de la chapelle, une cassette pleine d'or et d'un travail superbe, qui appartenait à la duchesse de Berry, bien d'autres trésors furent fidèlement remis aux autorités provisoires. A l'archevêché, une foule impitoyable brisa tout et jeta par les fenêtres, puis dans la Seine, le mobilier de M. Quélen, car on savait que ce prélat avait encouragé le coup d'État. A Montrouge, on dévasta aussi la maison des Jésuites ; l'instinct des vainqueurs remontait à la source de tous les attentats contre la souveraineté nationale. Par contre, on fraternisait avec les princes d'autrefois qui avaient eu à lutter contre l'esprit clérical. Un ouvrier mit un drapeau tricolore dans la main de bronze du roi, Henri IV, et fit cette réflexion philosophique : « Toi, mon vieux, tu ne faisais pas tirer sur ton peuple ! »

C'était fini pour les combattants ; il ne leur restait plus qu'à enterrer leurs morts ; mais tout commençait pour les diplomates. Ces députés trembleurs, dont l'attitude avait été si équivoque et si fuyante pendant la lutte, reparaissaient, triomphants. M. Dupin approuvait hautement la Révolution; le général Gérard parcourait les boulevards, et Casimir Perier laissait dire aux envoyés de Charles X : IL EST TROP TARD. Au fond, il n'y avait qu'un pouvoir réel, celui du général La Fayette, commandant en chef de la garde nationale parisienne; mais, à l'abri de ce grand nom, sous le couvert de l'illustre vieillard que grisait l'applaudissement populaire, M. Laffitte s'occupait d'exploiter tous les résultats de la victoire. Le temps pressait, car déjà le *National* avait constitué de sa propre autorité un triumvirat, composé de MM. La Fayette, Gérard et du duc de Choiseul; le pseudo-général Dubourg, puis un rédacteur du *Temps*, M. Baude, s'étaient installés à l'Hôtel de Ville. Les députés se débarrassèrent de La Fayette en lui faisant faire dans Paris une promenade triomphale, avec le titre de commandant de la garde nationale. Vers 5 heures, le général entrait à l'Hôtel de Ville et mettait fin au pouvoir éphémère de M. Baude et de l'aventurier Dubourg. Après le départ de La Fayette, les députés réunis chez M. Laffitte nommèrent une Commission municipale composée de cinq membres : MM. Casimir Perier, Laffitte, Lobau, de Schonen, Andry de Puyraveau; ils prirent pour secrétaire M. Odilon-Barrot et ne tardèrent pas à rejoindre La Fayette à la maison commune. Deux proclamations furent publiées : la première, signée par La Fayette, notifiait à la population que le général prenait le commandement de la garde nationale; la seconde, émanant de la Commission municipale, invitait l'armée à fraterniser avec le peuple. Comme les anciens maires avaient disparu, les principaux habitants de chaque arrondissement nommèrent des commissions municipales particulières, dont la principale mission devait consister à organiser la garde nationale.

Tel était l'embryon de gouvernement que possédait Paris quand, vers 8 heures et demie du soir, les envoyés de

Charles X, MM. de Sémonville, d'Argout et de Vitrolles, vinrent annoncer à la Commission que le roi s'était décidé à rapporter les ordonnances et avait nommé M. de Mortemart président du Conseil. Mais ces ambassadeurs officieux n'avaient aucun pouvoir pour traiter, et Charles X retenait à Saint-Cloud le nouveau président du Conseil. A minuit, les députés de la réunion Laffitte se retirèrent, las d'attendre. Alors les amis du duc d'Orléans, dirigés par Laffitte et secondés par MM. Thiers et Mignet, prirent des mesures audacieuses pour brusquer le dénouement. Ils rédigèrent des placards, s'assurèrent la complicité de plusieurs journaux et résolurent de se mettre en relations directes avec le chef de la branche cadette.

30 JUILLET. — Dans la matinée du 30, M. Thiers se présentait au château de Neuilly. Il ne vit pas le duc, qui se dérobait encore, mais il obtint de la duchesse et de Madame Adélaïde une adhésion presque formelle dont il s'arma pour entraîner les députés hésitants. Ceux-ci décidèrent d'inviter le duc d'Orléans à se rendre à Paris, et une commission fut nommée pour lui offrir les pouvoirs de lieutenant général.

Nous passerons rapidement sur tous les incidents si compliqués et si confus de cette journée du 30, qui ressemble aux comédies à cent actes divers; sur les lenteurs inintelligentes du malheureux Charles X et de M. de Mortemart; sur la dextérité du parti d'Orléans; sur les hésitations de La Fayette en face des clameurs indignées du parti démocratique... A l'Hôtel de Ville, la Commission municipale avait, dès le matin, élargi son mandat et constitué un véritable gouvernement, en nommant les titulaires provisoires du ministère des finances, des Préfectures de la Seine et de police, de la direction des postes, en même temps que le général Gérard ordonnait aux troupes régulières de se rendre au camp de Vaugirard. Le soir, elle consacrait par une proclamation spéciale la déchéance de Charles X, et La Fayette écrivait au général Talon, qui gardait le pont de Saint-Cloud avec les débris des forces royalistes : « Toute réconciliation est impossible; la famille royale a cessé de régner. » A 9 heures, le duc d'Orléans quitta Neuilly à pied, pour répondre à l'appel de ses amis et attendre l'effet de leurs manœuvres. Son premier acte fut d'envoyer complimenter La Fayette, car le prince sentait bien que le général était l'adversaire tout-puissant dont l'opposition eût fait respecter la souveraineté nationale. Dans une lettre portée à la Chambre par Odilon Barrot, La Fayette venait déjà de protester « contre la précipitation qu'on paraissait vouloir mettre à disposer de la couronne en faveur du duc d'Orléans » ; il avait demandé « que l'on stipulât auparavant des garanties pour la nation, et que la couronne ne fût décernée que sous la condition expresse de respecter et de défendre ces garanties ». C'était, en quelque sorte, la traduction des vœux du peuple parisien, qui avait fait la révolution. Réunis en grand nombre chez le restaurateur *Lointier*, les combattants de Juillet venaient de voter une adresse à la Commission municipale pour protester contre les intrigues orléanistes. Ce document débutait ainsi : « Le peuple, hier, a reconquis ses droits sacrés au prix de son sang. Le plus précieux des droits est de choisir librement son gouvernement... Il faut donc empêcher qu'aucune proclamation ne soit faite qui déjà désigne un chef lorsque la forme même du gouvernement ne peut être déterminée. Il existe une représentation *provisoire* de la nation. Qu'elle reste en permanence jusqu'à ce que le vœu de la majorité des Français ait pu être connu... » Mais M. Laffitte et ses amis entendaient autrement les choses : ils savaient à merveille que, la veille encore, personne ne songeait au duc d'Orléans. Le blanc-seing arraché à la réunion des députés permettait de le faire sortir de sa retraite volontaire. A 11 heures du soir, le duc entrait à pied au Palais-Royal, envoyait un officier prévenir M. Laffitte, et, faisant mander le duc de Mortemart, qui s'éternisait au Luxembourg, il lui déclarait « qu'il se ferait mettre en pièces plutôt que d'accepter la couronne ». Ces assurances furent renouvelées dans une lettre que fit redemander le prince, quelques heures plus tard, au dernier ministre de Charles X.

31 JUILLET. — A 8 heures du matin, la députation de la Chambre était introduite au Palais-Royal. Après quelques hésitations, dont les futurs courtisans du nouveau maître de la France triomphèrent sans peine, le duc accepta le titre de lieutenant général du royaume et signa une courte proclamation que les députés firent imprimer à 10 000 exemplaires, tandis que la Commission municipale, par une autre proclamation, s'efforçait de calmer les légitimes colères de la foule réunie à l'Hôtel de Ville. Les cris : *Plus de Bourbons!* faisaient frissonner les diplomates du Palais-Bourbon et du Palais-Royal. Pour donner le change au populaire, les députés rédigèrent à la hâte une adresse qui contenait l'énumération de toutes les libertés garanties par le lieutenant général. Payant lui-même de sa personne, le duc monta à cheval, et, entouré de quelques officiers de l'ancienne garde nationale, suivi d'une centaine de députés, s'achemina vers l'Hôtel de Ville. En arrivant sur la place de Grève, on entendait surtout des cris de : *Vive la liberté! Plus de Bourbons!* Le duc d'Orléans était extrêmement pâle. De nombreux citoyens lui adressaient des interpellations indignées. Mais La Fayette, qui, ne voulant pas du pouvoir pour lui-même, avait promis son concours, sauva le prince par sa présence d'esprit. Lorsque la foule vit le vieux général embrasser le prétendant et lui mettre à la main le drapeau tricolore, des salves, des applaudissements et des cris de : *Vive la Charte! Vive le duc d'Orléans!* retentirent de toutes parts. L'âme enfantine et généreuse du peuple se laissait abuser une fois de plus, et les vainqueurs de Juillet abdiquaient en faveur de la branche cadette des Bourbons, tandis que le chef de la branche aînée partait tristement pour l'exil, après avoir vainement essayé de faire proclamer roi son petit-fils, le duc de Bordeaux! Le lieutenant général du royaume avait donné lui-même à La Fayette l'ordre de faire marcher la garde nationale sur le château de Rambouillet, où s'était arrêté Charles X avec les débris de son armée. Dans la séance du 7 août, la Chambre, oubliant qu'elle n'avait nullement le droit de s'arroger le pou-

voir constituant, appelait le duc d'Orléans au trône par 219 voix contre 33, et, le surlendemain, les deux Chambres se réunissaient au Palais-Bourbon pour la proclamation de Louis-Philippe Ier. Le dernier acte de la pièce annoncée par M. Laffitte était joué. Un régime équivoque, qui ne procédait ni du droit divin ni du droit populaire, s'emparait audacieusement de la France, et s'intitulant « la meilleure des Républiques [1] », comme pour perpétuer la confusion de principes contradictoires, donnait pour axe à la monarchie nouvelle l'appui de la bourgeoisie censitaire.

1. Le mot est d'Odilon Barrot ; on l'a faussement attribué à La Fayette.

APPENDICE

ORGANISATION MUNICIPALE ACTUELLE DE PARIS

Paris, au point de vue de son organisation municipale, est *en dehors du droit commun*. Déjà en 1789 l'Assemblée constituante, dans son décret organique du 14 décembre, avait introduit cet article : « Quant à la Ville de Paris, *attendu son immense population,* elle sera gouvernée par un règlement particulier qui sera donné par l'Assemblée nationale. » On a cru justifier par un second motif la défiance dont les gouvernements successifs de notre pays ont fait preuve à l'égard de la grande cité. On a dit que Paris n'était pas assimilable aux autres communes, parce qu'elle était la *capitale,* le siège des pouvoirs publics, et qu'en lui accordant les mêmes franchises qu'aux autres agglomérations, on risquait d'organiser une puissance formidable qui compromettrait le jeu des institutions parlementaires et mettrait en péril l'autorité des représentants du pays.

Quoi qu'il en soit, il est exact de dire que Paris jouit d'une liberté bien moindre que la plus petite de nos 36 055 communes.

Le Gouvernement de Juillet ne consentit pas à faire rentrer la capitale sous l'empire du droit commun, puisque la loi d'organisation municipale du 23 mars 1831 disposait qu'une loi spéciale aurait à réglementer l'organisation municipale de Paris. Toutefois, la loi spéciale du 20 avril 1834, après avoir institué, dans chaque arrondissement parisien, un maire et deux adjoints, nommés par le roi sur une liste de 12 candidats choisis par les électeurs de l'arrondissement, créait à Paris un conseil municipal de 36 membres, élus par les douze arrondissements, pour faire partie du Conseil général du département de la Seine. Chaque année, le roi nommait, parmi les membres du Conseil municipal, le président et le vice-président de ce Conseil. Le Préfet de police et le Préfet de la Seine assistaient aux séances avec voix consultative. Il y avait, tous les ans, une session ordinaire de six semaines au plus, consacrée à la préparation et à la discussion du budget, sans préjudice des convocations extraordinaires. Les conseillers de Paris prêtaient serment avant leur installation, de même que les membres des autres conseils municipaux.

Après la Révolution de 1848, un arrêté du 27 février prononça la dissolution du Conseil municipal de Paris, et un autre arrêté, du 3 mars, déclara que « le maire de Paris relevait du gouvernement provisoire ». En vertu d'un arrêté du 4 juillet, le Conseil général et le Conseil municipal furent remplacés « par une Commission municipale et départementale ». Garnier-Pagès (25 fév. 1848), puis Armand Marrast (mars 1848) ne tenaient leur titre que du Pouvoir exécutif.

Sous le second Empire, Paris fut administré par une Commission municipale de 36 membres, nommés par l'Empereur pour cinq ans et présidés par un délégué du Pouvoir exécutif. Le Préfet de la Seine conserva entre ses mains toute la réalité du pouvoir municipal.

La loi du 14 avril 1871 a rendu *électif*, pour la première fois depuis l'introduction du suffrage universel dans nos lois politiques, le Conseil municipal de Paris. Ce Conseil a les mêmes attributions que les autres conseils municipaux ; mais l'article 168 de la loi du 5 avril 1884, sur l'*Organisation municipale*, déclare en termes formels que les dispositions des lois spéciales à la Ville de Paris ne sont pas abrogées, et que, par conséquent, la législation de droit commun n'est pas faite pour elle. Il est donc essentiel d'exposer

Le nouvel Hôtel de Ville,

brièvement en quoi consiste le régime d'exception qui est imposé à la capitale.

Tandis que chaque commune française a son maire et ses adjoints, élus parmi les membres du Conseil municipal (art. 73 de la loi de 1884), la ville de Paris, en vertu de l'art. 16 de la loi du 28 pluviôse an VIII et de la loi du 14 avril 1871, est administrée par le Préfet de la Seine et par vingt maires; chacun de ces maires, nommé par décret, est assisté de trois adjoints. Les vingt arrondissements sont déterminés par la loi du 16 juin 1859 (art. 2 et 3) et par le décret du 1er novembre 1859, rendu pour son exécution. En réalité, la gestion des affaires municipales est attribuée, dans chaque mairie, aux agents de la Préfecture de la Seine; le maire n'est pas autre chose qu'un officier de l'état civil. Il s'occupe accessoirement des opérations électorales, du jury criminel, de l'instruction primaire, des cultes, de l'assistance publique et des contributions directes. Aux termes de la loi du 14 avril 1871, art. 17, il y a incompatibilité entre les fonctions de maire ou d'adjoint d'arrondissement et celles de conseiller municipal de la ville de Paris.

Au point de vue juridique, comme au point de vue administratif, le Préfet de la Seine est le véritable maire de Paris : il représente seul la personnalité civile de la grande commune. Mais il n'a pas la charge de la police de la cité. La loi du 28 pluviôse de l'an VIII (art. 16) a institué un *Préfet de police*, et l'arrêté des consuls du 12 messidor confie à ce fonctionnaire le soin d'assurer les services de la police départementale et municipale, en étendant même son action à quelques communes de la banlieue, situées en dehors du département de la Seine.

La composition du Conseil municipal de Paris est réglée également par des dispositions exceptionnelles. Alors que la loi organique de 1884 porte que l'élection des membres des autres conseils municipaux a lieu au scrutin de liste pour toute la commune (art. XI), la loi du 14 avril 1871, en son article 10, dit que « les vingt arrondissements de la ville de

Paris nomment chacun quatre membres du Conseil municipal. Ces quatre membres sont élus, par scrutin indivi-
duel, à la majorité absolue, à raison d'un membre par
quartier. »

Au commencement de chaque session ordinaire, le Conseil nomme, au scrutin secret et à la majorité, son président, ses vice-présidents et ses secrétaires. Le Conseil
municipal de Paris ne peut s'occuper, à peine de nullité de
ses délibérations, que des matières d'administration com-
munale, telles qu'elles sont déterminées par les lois en
vigueur. Le Préfet de la Seine et le Préfet de police ont
entrée au Conseil et sont entendus toutes les fois qu'ils le
demandent.

Par une autre anomalie, le département de la Seine a
un Conseil général d'une composition spéciale. Elle dérive
toujours du principe posé par l'article 17 de la loi organique
de l'an VIII : « A Paris, le Conseil de département remplira
les fonctions de Conseil municipal. » Seulement, c'est le
Conseil municipal qui, à l'inverse, remplit les fonctions de
Conseil général, avec l'adjonction de huit membres élus
dans les arrondissements de Sceaux et de Saint-Denis, à
raison d'un membre par canton (loi du 16 sept. 1871,
art. 1er) ; et, comme la loi du 10 août 1871 n'est pas appli-
cable au département de la Seine, son Conseil général n'a
pas de Commission départementale, et les lois de 1838 et
de 1866 règlent toujours ses attributions.

Le siège de l'administration municipale est fixé au nouvel
Hôtel de Ville, bâti sur l'emplacement de l'édifice brûlé en
mai 1871.

FIN

TABLE DES MATIÈRES

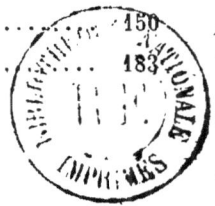

Coulommiers. — Typ. Paul BRODARD et GALLOIS.